ANNALENA ZURHORST ∞ EVA-MARIA ZURHORST

WENN ICH MICH NICHT *liebe,* WIE SOLL MICH JEMAND ANDERS *lieben?*

So fühlst du dich wieder
**wertvoll, selbstsicher
und glücklich**

Daala, dir danke ich dafür, dass du mir gezeigt hast, was es bedeutet, auf eine unschuldige Art und Weise geliebt zu werden und auf so einer Basis eine unfassbar nahe und ehrliche Freundschaft zu führen.

Alex, dir danke ich dafür, dass du mir gezeigt hast, was es heißt, wenn jemand immer und bei jeder Aktion für einen da ist. Auch wenn du wahrscheinlich häufig vorher wusstest, dass ich mir das eine oder andere hätte sparen können, oder wusstest, dass du davon absolut nichts hast, warst du immer an meiner Seite.

R., dir danke ich dafür, dass du mir gezeigt hast, was es heißt, in einer Beziehung jemanden wirklich zu lieben, und wie wertvoll das ist.

Annalena

Danielle, für mich bist du ein so unfassbar kostbarer Mensch. Ich schreibe dieses Buch für dich, damit du vielleicht endlich selbst fühlst, wie wunderbar und kostbar du bist – wenn du dich traust, dich auch den anderen einfach so zu zeigen, wie du wirklich bist.

Annalena

INHALT

Vorwort von Annalena und Eva 6

Woher deine Unsicherheit und dein Beziehungsfrust in Wahrheit kommen 12

Du ahnst nicht, wer dir in Wirklichkeit deine
Dates vermasselt 14

Vielleicht hast du ja Angst vor der Beziehung
deiner Träume? 21

Du bist kein Opfer, du hast dein Beziehungsglück
selbst in der Hand 39

Sechs Schritte, um deine Träume im Alltag
wahr werden zu lassen 54

**Selbstzweifel, Singlefrust, Beziehungsstress
und Trennungsschmerz** 62

**Unsicherheit, Fomo und andere Sachen, die du
nicht mehr brauchst** 64

Du hast Angst, nicht dazuzugehören 65

Das Gegenteil von gut ist gut gemeint 70

Du passt dich viel zu sehr an und damit bist du
immer wieder raus 77

Du betäubst dich und drückst deine Gefühle weg ... 83

Du denkst, bei allen läuft's, nur bei dir nicht 89

Du machst dich klein und stellst die anderen
über dich selbst 96

INHALT

**Du möchtest dich so gern wieder verlieben...
oder vielleicht doch nicht?** **102**

   Du glaubst nicht mehr an die eine Beziehung, die dich
wirklich glücklich macht........................ 103

   Weshalb Coolsein dich überhaupt nicht weiterbringt... 110

   Erst bist du lässig, dann fährst du Taktik und
schließlich hast du Panik 116

   Sex? Will dein Herz wirklich nur rummachen?........ 121

   Vielleicht ist deine Coolness nur Angst vor Nähe 126

   Du kannst den Mann nicht ändern, nur dich selbst.... 131

**Endlich bist du in einer Beziehung ... aber warum
ist nicht alles gut?** **136**

   Wenn er dich nicht will, dann hat das nichts
mit dir zu tun 137

   Warum Eifersucht überhaupt nicht das ist,
was du denkst 146

   Warum du als Beziehungsjunkie nie eine echte
Beziehung kriegst 156

Manchmal ist Trennung die beste Form der Selbstliebe .. **160**

   Warum du manchmal einfach loslassen musst 161

   Wenn du ihn einfach nicht loslassen kannst 172

   Du hältst fest und dein Herz sagt: Du musst gehen!... 177

Unser Schlusswort.............................. **181**

   Meine Erfahrung mit Meditation 186

      Eva-Maria Zurhorst 189

      Annalena Zurhorst 190

      Impressum 192

VORWORT VON ANNALENA UND EVA

Warum schreiben wir gemeinsam als Tochter und Mutter dieses Buch für dich?

Ich bin Annalena. Mir war es so ein Bedürfnis, dieses Buch für dich zu schreiben – und ehrlich: auch für mich. Für die alte Annalena mit den roten Haaren, den Trillionen von Sommersprossen und dem Überbiss. Mir fällt es heute noch schwer, dieses Wort aufzuschreiben, ohne traurig zu werden: »Pferdefresse« haben mich die Jungs in der Schule genannt. Ich fühlte mich so oft alleine, uncool und nicht dazugehörig.

Am Anfang meiner Schulzeit sehnte ich mich nach einer richtigen Freundin und wurde stattdessen immer wieder ausgeschlossen. Mit Jungs hatte ich später ziemlich romantische Vorstellungen, ich war auch endlich glücklich verliebt, irgendwann dann aber von all den Erfahrungen ziemlich verwirrt und dann schließlich komplett ernüchtert. Meine Eltern fand ich ziemlich uncool und suchte lange nach einem Weg, der mir Dazugehörigkeit schenken und unbedingt nichts mit ihrem Psychokram zu tun haben sollte. Und jetzt sitze ich hier, schreibe mit meiner Mutter ein Psychobuch und habe das Gefühl, dass in meinem Leben gerade ziemlich viel rundläuft.

Das wirklich Tolle an meinem Leben ist eben nicht, dass alles von Anfang an einfach glattlief, sondern dass ich unfassbare Sachen gelernt habe, um aus allen möglichen Löchern und jeder Menge Frust wieder herauszukommen. Und genau das wünsche ich dir auch! Ich möchte mit diesem Buch zeigen, dass du mit deinen Ängsten und Sorgen nicht alleine bist und dass Situationen, in denen du dich komplett festgefahren und einsam fühlst, lösbar sind. Deshalb schreibe ich hier alles für dich auf, was mir geholfen hat, damit auch du dich wieder wertvoll, selbstsicher und glücklich fühlen kannst.

Vielleicht verdrehst du jetzt die Augen, aber eins der größten Tools überhaupt, das mir bei all dem geholfen hat, ist die Meditation. Eine moderne, entspannte und coole Art der Meditation, die ich nicht nur überall, wo ich bin, sondern auch auf jede Art, die ich will, machen kann.

Wenn du jetzt denkst: Oh Gott, Meditation?!«, dann sage ich dir: Das Gefühl kenne ich. Meine Eltern meditieren schon lange und ich dachte früher nur: »Oh Gott, wie unangenehm! Das brauche ich nicht!« Als ich zwölf war, passierte eine so blöde Geschichte in meinem Leben, dass ich's dann doch mal versucht habe, weil meine Mutter immer wieder meinte: »Du wirst sehen, dass du damit deine Angst verlieren kannst.« Long story short: Heute meditiere ich eigentlich jeden Tag und erschaffe die unglaublichsten Sachen damit, die du dir wahrscheinlich überhaupt (noch) nicht vorstellen kannst: Ich kann meine Stimmung drehen, mich auf schwierige Situationen vorbereiten, Stress herunterfahren, mich auf meine Ziele ausrichten und in meine Träume hineinfühlen. Keine Sorge: Hier im Buch kommt die Meditation erst ganz hinten, wenn es so richtig praktisch für den Alltag wird.

Zunächst habe ich die hoffentlich auch für dich wichtigsten Fragen in Bezug auf Beziehung und Selbstwert gesammelt, wie in einer Bibliothek zusammengestellt und dann zusammen mit meiner Mutter beantwortet.

Ich bin Eva. Jetzt muss ich als Mutter natürlich auch etwas sagen: Ich bin total glücklich, dass ich bei diesem Projekt dabei sein darf. Als Mutter fand ich meine Tochter natürlich immer schon ganz besonders, hübsch und liebenswert. Sie ist das größte Geschenk meines Lebens. Und natürlich habe ich damals mit ihr gelitten, als das alles so schmerzhaft war. Mir tat es immer in der Seele weh, sie damals so leiden zu sehen und ihr all das, was mir in meinem Leben so geholfen hat, nicht einfach weitergeben zu können. Ich hatte Tools für Erwachsene. Diese waren für sie einfach nicht stimmig und noch nicht vertrauenswürdig.

Aber ich bin ja nicht nur mitfühlende Mutter, sondern auch Coach. Ich durfte den Wandel von so vielen Menschen begleiten und habe in all den Jahren mit Tausenden von Paaren gearbeitet. Jetzt gerade gehe ich mit über zweitausend Frauen durch mein »Liebe kann alles«-Transformationstraining, in dem ich den Frauen von ganzem Herzen diesen wunderbaren Meditationsweg zeige, von dem Annalena oben spricht. Du ahnst nicht, was für unfassbare Wandlungsprozesse so viele Frauen damit schon durchgemacht haben. Und weil ich auch ein Forscher und Tüftler bin, habe ich es in dieser Begeisterung für all unsere Möglichkeiten – völlig egal, wie alt wir sind – nie aufgegeben, meine Tools so lange zu drehen und zu wenden, bis sie auch für Annalena passen und langsam auch für sie gute Wirkung tun sollten.

Als es dann endlich so weit war, blieb in den letzten Jahren nur noch ein Wunsch in mir: Wie müsste es sein, wenn viele junge Menschen das Ganze schon früh lernen würden? Wenn sie sich nicht erst völlig verfahren müssten, wie es bei den meisten von uns etwas Älteren der Fall war, sondern rechtzeitig lernen würden, ihr Leben, ihr Beziehungsglück und ihr Zufriedensein selbst zu bestimmen? Dann kam der Tag, an dem Annalena sagte: »Mama, ich finde es richtig wichtig, dass meine Mädels das auch kennenlernen.« Und so haben wir zusammen dieses Projekt mit dem Buch zum Verstehen und dem begleitenden Onlinekurs zum Verwandeln ausgetüftelt.

Ich freue mich sehr, dass ich hier immer wieder ein bisschen von meiner Erfahrung und meinem Wissen schenken kann. Gleich am Anfang werde ich mein Bestes tun, um dein – wie du bald merken wirst, viel zu enges – bisheriges Weltbild über dich und deine Beziehungen über den Haufen zu werfen. Es gibt spektakuläre und verblüffende Forschungsergebnisse in der modernen Wissenschaft, von denen leider immer noch so wenige Menschen wissen und die leider auch niemand in der Schule lehrt, die aber zeigen, dass du der Schöpfer deiner Realität bist, und zwar durch dein Denken und Fühlen. Und wenn du verstehst – und das werden wir dir hier zeigen –, wie du dein Denken und dein Fühlen ändern kannst, dann kannst du deine Beziehungen, deine Erfahrungen, deine Gefühle, deine Begrenzungen und deine Ängste verwandeln. Und über dein Glücklichsein selbst bestimmen. Das wünsche ich dir – schon jetzt und für immer!

WIE FUNKTIONIERT DIESES BUCH FÜR DICH AM BESTEN?

Wir haben uns dazu entschlossen, dass ich, Annalena, dieses Buch für dich schreibe. Und meine Mutter Eva bekommt immer wieder Raum, um bestimmte Dinge noch mal etwas tiefer zu erklären und ihre langjährige Erfahrung aus ihrer

Arbeit mit Tausenden von Menschen einzubringen. Du erkennst die Teile meiner Mutter daran, dass sie farblich hervorgehoben sind – so wie du es eben schon gesehen hast. Ansonsten ist dieses Buch so konzipiert, dass du es nicht wie einen Roman von vorne bis hinten durchlesen musst. Uns ist wichtig, dass du als Erstes die Basics für ein grundlegend anderes Selbstverständnis für dich selbst und für Beziehungen bekommst. Du brauchst sie, wenn du den zweiten Buchteil wirklich verstehen und ein »Aha« dabei erleben willst. Deshalb solltest du dir die Zeit nehmen, um den Anfang nicht nur zu lesen, sondern auch wirklich zu durchdringen. Dieser Teil hilft dir, dich viel besser zu verstehen und auf eine viel effektivere Art für Veränderung zu sorgen, als wenn du einfach alleine weiter herumprobierst. Du brauchst diesen Buchteil so wie die Spielregeln beim Kartenspielen, ohne die du die Karten und das Spiel nicht verstehst und es damit auch nicht wirklich spielen kannst.

Wenn du diesen Teil gelesen hast, wirst du nicht nur dich selbst in einem neuen Licht sehen, sondern auch dein Beziehungsglück. Vor allem wirst du jetzt das Gefühl haben: »Wow, da gibt es ganz andere Möglichkeiten, meine Probleme zu lösen und mein Leben selbst zu gestalten, als ich bisher dachte.«

Und dann geht es in den zweiten Teil des Buchs, in dem du tatsächlich mit dem »Spiel« loslegen kannst. Der zweite Teil ist aufgebaut wie eine Bibliothek mit vier unserer Erfahrung nach wichtigen Themenbereichen. Du kannst einfach schauen, was für dich gerade dran ist und dann: Einfach loslegen!

Zum Schluss kommt unser großes Finale: die Meditation! Am Ende zeigen wir dir, wie alles ganz praktisch und alltagstauglich funktioniert, sodass du die Erkenntnisse für dich umsetzen kannst. Meditationen kannst du ja nicht lesen, du musst sie machen, damit sie ihre Wirkung tun und dein Unterbewusstsein mit neuen Informationen versorgen.

Damit das für dich auch wirklich leicht geht, haben wir zum Buch einen passenden Onlinekurs mit einer Einführung, Erklärvideos und von uns gesprochenen, geführten Meditationen aufgenommen. So musst du wirklich nur noch zwei Sachen tun, damit der Wandel in deinem Leben beginnen kann: deine Augen schließen und dich entspannen!

Woher deine Unsicherheit und dein Beziehungsfrust in Wahrheit kommen

Dieser Buchteil zeigt, wie du dich von Ängsten, Unsicherheit und Beziehungsfrust alleine und auf verblüffend einfache Weise lösen kannst und aufhören kannst, dich selbst fertigzumachen. Wie du stattdessen für dein Glück selbst sorgen und dein Beziehungsleben so viel mehr selbst gestalten kannst, als du ahnst.
Damit du sofort ganz praktisch sehen kannst, wie du eine Sache auf ganz neue Art lösen kannst, teile ich hier gleich am Anfang mit dir zwei meiner wichtigsten Beziehungsgeschichten, die mich eine Zeit lang ziemlich mitgenommen haben. Auch wenn du vielleicht gerade kein Beziehungsthema, sondern was ganz anderes hast, was du lösen willst, kannst du trotzdem in meiner Geschichte auch einen neuen Weg für dich finden.

DU AHNST NICHT, WER DIR IN WIRKLICHKEIT DEINE DATES VERMASSELT ...

... und dafür sorgt, dass andere manchmal nicht gut mit dir umgehen. Fragst du dich nicht manchmal, warum dein Datinglife überhaupt nicht so läuft, wie du dir das vorstellst? Warum du dir nichts sehnlicher wünschst als endlich eine echte Verabredung, aber egal, was du machst, es klappt einfach nicht?

Eine meiner Freundinnen erlebt immer das Gleiche: Erst schreibt sie mit jemandem bei Insta, WhatsApp, Facebook oder Tinder und findet es super, weil auch er ihr die tollsten Sachen zurückschreibt und sich unbedingt verabreden will. Sie freut sich und lässt sich darauf ein. Und dann auf einmal, wie aus dem Nichts und ihr völlig unerklärlich, meldet er sich nicht mehr. Einfach gar nicht mehr!

Eine andere Freundin läuft jedes Mal in eine ähnliche Sackgasse: Zuerst trifft sie sich mit jemandem ein paar Mal ganz entspannt und alles scheint richtig gut anzulaufen. Aber dann irgendwann dreht sich alles, weil sie jetzt nicht mehr locker ist, sondern unbedingt will, dass das mit ihm etwas wird. Sie wird verkrampft, versucht alles besonders gut und gleichzeitig besonders lässig zu machen. Und auf einmal ist er weg.

Und bei einer dritten ist es genau umgekehrt: Am Anfang ist sie immer eine ganze Zeit lang total verliebt und wenn der

EINLEITUNG

Mann mehr will, wird es ihr zu eng. Plötzlich ist sie wie auf der Flucht, obwohl sie eigentlich so gerne eine feste Beziehung möchte. Irgendwann findet sie immer etwas Neues an ihm, das nicht richtig ist, sucht ständig nach Ausreden und sagt schließlich: »Ach, ich will mich eigentlich gar nicht festlegen. Es gibt da gerade auch noch einen anderen coolen Typen. Wenn ich kurz nach rechts swipe, kommt bestimmt noch irgendjemand Besseres...« Und schon ist sie raus und alles dreht sich im Kreis: Suchen, Verlieben, Zweifel, Ausreden, Ende – und von vorne.

Auch wenn es erst mal nicht so offensichtlich ist, aber bei dir, mir und meinen drei Freundinnen gibt es nicht einfach nur lauter Zufälle und blöde Typen, sondern feste Muster in unserem Inneren. Das klingt zwar ernüchternd, aber in Sachen Liebe und Beziehung laufen wir alle auf Programm. Bei uns allen wirkt ein ähnlicher Mechanismus, der unsere Beziehung mit anderen vermasselt, egal, wie unterschiedlich unsere Geschichten auch sein mögen. Egal, wie sehr wir das Gefühl haben, da draußen gibt es jemanden, der schuld an dem Schlamassel oder der Grund für unseren Frust oder unseren Schmerz ist. Und auch wenn es zunächst für Widerstand in dir sorgt – aber die wahre Ursache liegt in uns selbst.

Letztens hatten wir so ein unbequemes Mutter-Tochter-Gespräch. Ich hatte zum ersten Mal eine Erfahrung in meinem Leben gemacht, von der so viele Mädels immer betroffen und geschockt sind. Ich wurde »geghostet«. Falls du davon noch nicht gehört hast: »Ghosten« kommt vom englischen Wort »ghost«, was Geist oder Gespenst bedeutet. Es ist etwas, das in unserem Alter immer öfter passiert, vor allem bei Dates, die online ausgemacht werden. An irgendeinem Punkt wird der andere plötzlich unsichtbar, meldet sich nicht mehr und reagiert weder auf Nachrichten noch auf Anrufe. Es ist, als hättest du es auf einmal mit einem Gespenst zu tun.

So hatte ich mit jemandem kurze Zeit unfassbar süß hin und her geschrieben und war von ihm mit Nachrichten bombardiert worden, wie etwa, dass er mich lieber gestern als heute treffen wolle oder dass er lange nicht mehr so coole Gespräche geführt habe. Das war in einer Zeit, als ich völlig entspannt und überhaupt nicht auf einen Mann fokussiert war. Manchmal habe ich nicht gleich geantwortet, weil ich entweder gerade keine Zeit hatte oder weil es nichts mehr zu sagen gab. Er hat dann immer noch mal hinterhergeschrieben und nicht lockergelassen, um endlich ein Date auszumachen.

Ich war total glücklich und voller Vorfreude, hatte aber gerade viel um die Ohren und konnte nicht gleich zusagen. Es war kein Hard-to-get-Spielchen, sondern ich fühlte mich so entspannt, dass ich dachte: Es kommt schon alles so, wie es passt. Bis irgendwann unser Date endlich verabredet war. Übermorgen würde er zu mir kommen. Das war das Letzte, was ich von ihm gehört habe. Dann wurde er zum Gespenst, hat nicht mehr geschrieben, nicht mehr geantwortet, er war einfach vom Erdboden verschluckt. Ende.

Ich fühlte mich ein paar Tage wie nach einem Autounfall mit Aufprall. Du fährst, auf einmal knallt's und du wirst in den Gurt katapultiert. Dann ist es still und du hast einen Schock. Meine Mutter, die mich in diesem Zustand traf, meinte zwar: »Oh Gott, du Arme…« Aber dann ließ sie nicht lange mit einer typischen Zurhorst-Frage auf sich warten: »Hattest du so etwas letztens nicht schon mal, dass eine Sache so seltsam geendet ist und du es überhaupt nicht verstanden hast?«

Ich wurde innerlich bockig und dachte nur: »Nein! Quatsch, mich hat noch niemand geghostet!« Aber dann musste ich mir eingestehen, dass mich nach meinen beiden längeren Beziehungsgeschichten meine weiteren Begegnungen mit Männern eher sprachlos machten oder verwirrten angesichts ihrer kompletten Unverbindlichkeit. Ein paar Mal konnte ich mich nach einer Datingphase nur noch fragen: »Was war das jetzt eigentlich …?«

Und so ging's mir nicht alleine. Die meisten meiner Freundinnen sind mittlerweile eine Mischung aus ratlos oder komplett genervt, wenn es um Begegnungen mit Männern geht, weil so viele ihr Herz und ihre Gefühle komplett weggeschlossen oder eingefroren zu haben scheinen. Viele wollen einfach nur etwas mit dir haben und andere sind auf einmal entweder wie vom Erdboden verschluckt oder tun nach ein paar Treffen plötzlich so, als ob sie dich noch nie vorher gesehen haben. »Ach Mama, irgendwie nerven mich die Typen gerade einfach nur.« Das war kein guter Satz für meine Mutter: »Komm, Annalena, du weißt, so einfach ist die Sache eben nicht. Es mag ja sein, dass viele Männer ihr Herz einbetoniert haben, aber was ist dein Job an der ganzen Sache? Glaubst du eigentlich, dass du deine beiden letzten großen Beziehungsbaustellen wirklich aufgeräumt hast? Du hast dich zwar getrennt, aber hast du's auch verarbeitet? Bist du wirklich schon bereit für eine Begegnung mit offenem Herzen?«

Vielleicht ist das nicht die Art, wie ihr zu Hause über so etwas reden würdet. Und du fragst dich jetzt, was wir für seltsame Psychogespräche führen, wenn meine Mutter mit mir so über eine Erfahrung mit einem Typen redet, der mich geghostet hat. Aber meine Mutter tat das, was sie in so einem Fall immer tut – sie fragt mich: »Was hat so eine Erfahrung mit dir zu tun?«

Denn in unserer Familie ist klar: Wenn einer sich so abrupt und ohne Erklärung aus MEINEM Leben verabschiedet, dann muss es IN MIR eine passende Erfahrung, einen zugehörigen Glaubenssatz und einen entsprechenden Schmerz geben, der mit dem Ganzen »in Resonanz geht«. Es ist etwas in mir, das so eine Erfahrung quasi »anzieht«, auch wenn es auf den ersten Blick so aussieht, dass ein anderer sich einfach blöd verhalten und mich verletzt hat.

Vielleicht ist dir diese Art, die Dinge zu sehen, noch fremd. Es hat auch bei mir einige Jahre, zwei längere Arten von Beziehungen, einige Phasen von heftigster Verunsicherung und Angst vor dem Alleinsein gebraucht, bis ich mich wirklich dafür öffnen konnte, die Dinge andersherum zu betrachten und in mir selbst zu schauen und aufzuräumen, anstatt da draußen nach Schuldigen oder Lösungen zu suchen. Du ahnst nicht, wie sehr du dadurch auf einmal Halt in dir selbst findest und all diese Gefühle von Abhängigkeit und Ohnmacht anfangen, sich zu verändern. Wie du so ganz neue Power bekommst und der Schlamassel, in dem du vielleicht gerade noch steckst, beginnt, sich aufzulösen. Heute bin ich so dankbar, dass wir so einen leider immer noch seltenen und für viele ungewöhnlichen Weg in unserer Familie gehen, der mein ganzes Leben so sehr zum Guten verändert hat, wie ich es nie für möglich gehalten hätte.

Wie so viele Herzensdinge sich für dich zum Guten wenden können und warum dieser Weg auch für dich so unfassbar hilfreich und kostbar sein kann, das möchten wir dir hier im Buch vermitteln. Wenn wir dir unsere Art, mit Beziehungen, mit Angst und Unsicherheit umzugehen, zeigen, dann wird das vielleicht erst mal ungewohnt für dich sein. Aber wenn du wirklich verstehst, wie viel du mit all den Dingen zu tun hast, die dir passieren, und wie sehr du daher auf alles Einfluss nehmen kannst, dann wird es dir wie uns gehen.

Du wirst etwas erleben, das unser beider Leben radikal verändert hat, nämlich: dass du nicht Opfer von irgendwelchen Typen oder Umständen bist, sondern dass dein Denken deine Erfahrungen bestimmt, ja sogar, dass deine Gedanken in Wahrheit deine Realität erschaffen. Dass du da draußen erlebst, was du innerlich glaubst. Und wenn dir das noch zu theoretisch erscheint: Du wirst erleben, dass du dich anderen gegenüber gar nicht so ohnmächtig und ausgeliefert fühlen musst, sondern in Wahrheit unfassbar viel Einfluss darauf hast, was dir in deinen Beziehungen und in deinem Leben passiert. Du wirst sehen, dass du selbst dafür sorgen kannst, die Liebe wieder in dein Leben zu bringen. Und du wirst erleben, wie du dich mit dir wieder richtig wohlfühlst, auch wenn das im Moment für dich noch weit weg erscheint.

Mit den Augen meiner Mutter war beim Ghosten etwas ganz anderes geschehen, als es auf den ersten Blick schien. Sie sah mich nicht einfach als Opfer von irgendeinem Idioten, der Frauen verarscht. Sie sah, dass sich etwas Schmerzliches und Verwirrendes in meinem Leben wiederholte. Deshalb können wir dir nur ans Herz legen, es so wie bei uns in der Familie zu machen. Nimm dir nicht besonders lange Zeit, dich im Jammern zu vergraben und der ganzen Welt oder einem Typen die Schuld in die Schuhe zu schieben. Stattdessen geht es darum, zuerst einmal zu schauen, was in dir selbst los ist... was du mit dem Ganzen zu tun hast. Das ist zunächst alles andere als angenehm. Aber mittlerweile weiß ich aus eigener Erfahrung, dass du die wichtigen Sachen nur so wirklich gelöst kriegst.

Gerade wenn sich einer, für den du Gefühle hast, nicht einlässt, nicht meldet, keine Gefühle zeigt oder sich in Luft auflöst – was willst du da schon tun? Du kannst bei ihm gar nichts machen. Aber IN DIR kannst du etwas ändern. Er ist weg und du leidest. Darin liegt deine Entscheidung: Du kannst ihn nicht wieder zurückholen, aber du kannst dafür sorgen, dass dein Leiden aufhört, indem du lernst, dich von alten Ängsten zu lösen und neue Entscheidungen über das zu treffen, was du jetzt über die Situation glauben willst. Und du kannst hier neue Einsichten bekommen, die dich so viele Dinge komplett anders sehen lassen. Und das holt dich aus der Abhängigkeit und bringt dir deine Zuversicht, deine Ausstrahlung zurück. Die Lösung für so vieles liegt in dir. Und du wirst es noch sehen – das gilt für die meisten wichtigen Themen in deinem Leben. Erst recht, wenn du immer wieder ähnliche Erfahrungen machst und in ähnlichen Schwierigkeiten steckst.

EINLEITUNG

VIELLEICHT HAST DU JA ANGST VOR DER BEZIEHUNG DEINER TRÄUME?

Fragst du dich manchmal, warum dir – egal, was du machst und wie sehr du dich bemühst – irgendwie immer das Gleiche passiert? Und zwar exakt das, was du nicht willst. Was geschieht da genau?

Dazu übernehme ich, Eva, als Mutter an dieser Stelle noch mal. Ich erkläre dir einige tiefere Zusammenhänge, die es dir viel leichter machen werden, deinen Weg da herauszufinden. Wenn wir uns immer wieder das eine wünschen und dann das andere erleben, so gerne das eine wollen und dann doch wieder das andere tun, dann hat unser Unterbewusstsein das Steuer in der Hand. Es wirken in uns unterschwellig negative Glaubenssätze und Gefühle wie Programme, die dafür sorgen, dass wir bestimmte Erfahrungen machen.

Wenn du dir zum Beispiel wünschst, dass jemand dir nahekommt und voll und ganz zu dir steht, du aber immer wieder erlebst, dass du ihn nicht erreichen kannst, dann geschieht das deshalb, weil etwas IN DIR entweder Angst vor zu viel Nähe hat oder nicht daran glaubt, dass du die Nähe und die Liebe wirklich verdient hast. Wenn du dir in einer Beziehung etwas wünschst und immer wieder das Gegenteil erlebst, dann, weil ein Teil VON DIR an das Gegenteil glaubt.

Vielleicht sehnst du dich ja ganz doll danach, dass es mit einem Date oder in deiner Beziehung endlich mal richtig rundläuft. Aber wenn du ganz ehrlich bist, gibt es da nicht auch diesen riesigen Zweifel …? Einen Teil von dir, der immer wieder denkt: »Ach, es klappt ja sowieso nicht mit dem Date.« Der gar nicht daran glaubt, dass jetzt eine richtig gute Beziehung in dein Leben kommen kann … Der Angst hat vor echter Nähe … Der sich vielleicht cool gibt, aber deine Freundinnen wissen, wie unsicher du dich in Wahrheit fühlst.

Wenn du dich traust, auf diese Art wirklich ehrlich zu sein, wirst du feststellen, dass all die Männer, die sich emotional verdrücken und aus dem Staub machen, mehr mit dir zu tun haben, als dir lieb ist. Dass es nämlich auch in dir etwas gibt, dass zwar auf der einen Seite mit voller Begeisterung »Ja« zu einer neuen Liebe sagt, sich aber auf der anderen Seite selbst innerlich emotional verdrückt und aus dem Staub machen will.

Die sonst so gewohnte Art zu denken einfach umzudrehen, ist für dich vielleicht noch ziemlich verquer, aber du wirst sehen: Sie ist die einzige Haltung, die wirklich der Wahrheit entspricht, und die einzige Art, die dir wirklich zu einer Lösung verhelfen kann. Erst recht, wenn die Dinge, die dir nicht gefallen, anfangen, sich zu wiederholen.

Wenn du erst mal weißt, was du wirklich denkst und fühlst, und lernst, daran etwas zu ändern, wirst du bald verstehen, dass du weder länger gegen etwas kämpfen musst, das dir wehtut, noch, dass du nicht mehr länger draußen herumrennen und bei anderen suchen musst, wenn du dir sehnlichst etwas Neues wünschst. Wenn du endlich andere Erfahrungen machen willst, brauchst du neue Glaubenssätze und neue Gefühle und ein ganz anderes, neues Verständnis für dich selbst.

Du bist nicht einfach nur du. Es gibt zwei Ebenen in dir: eine bewusste und eine unterbewusste. Du sagst vielleicht:

EINLEITUNG

ICH möchte dies oder wünsche mir das... Aber in dem Moment, in dem du bewusst ICH sagst, redest du nur über die eine Ebene und die macht nur fünf Prozent von dir aus. Diese Person, die du zu kennen glaubst, ist nur ein winziger Teil von dir. Und dementsprechend haben ihre Wünsche und ihr Wille auch nur einen viel geringeren Einfluss auf dein Leben, als du ahnst. Denn wenn du bewusst ICH WILL sagst, dann wollen das meist eben nur fünf Prozent von dir.

Was ist mit den anderen 95 Prozent? Die gehören zu deinem Unterbewusstsein. Und wenn du bewusst etwas willst, dann gibt es im Unterbewusstsein sehr oft gegenteilige, meist aus der Vergangenheit herrührende Kräfte: Zweifel, Ängste oder ganz andere Bedürfnisse. Im großen Reich der unbewussten 95 Prozent deiner selbst gibt es alte Grundüberzeugungen und verborgene Glaubenssätze, dass du es zum Beispiel überhaupt nicht wert bist, so viel Zuwendung, Erfolg oder Nähe zu erleben. In dir ist eine unbewusste Angst vor zu viel Nähe, weil du oft längst vergessene Erfahrungen in dir trägst, die dir gleichzeitig mit Nähe vielleicht auch Verletzung, Trennung und Verlust gebracht haben. Und dann sagt dieser winzig kleine bewusste Teil von dir: »Oh ja, ich wünsche mir eine wunderbare Beziehung.« Und ein anderer unsichtbarer, aber übermächtiger Teil bestimmt mit Glaubenssätzen wie etwa: »Beziehung...? Bloß weg hier, das kann mir viel zu wehtun! Da löse ich mich lieber in Luft auf.«

Dieses Gerangel zwischen deinem bewussten Ich und deinem Unterbewusstsein kannst du, wenn du mit neuen Augen sehen lernst, zum Beispiel bei einer von Annalenas Freundinnen erleben, um die es vorhin schon kurz ging. Sie ist am Anfang immer total verliebt, aber wenn der Typ mehr will, ist sie sofort auf der Flucht, obwohl sie eigentlich so gerne eine feste Beziehung will. Ihr bewusstes Ich sagt zu ihren Freundinnen: »Ach, ich möchte so gerne endlich den Richtigen treffen ... ich will eine richtig schöne, glückliche Beziehung.« Aber sobald sie wirklich einen Mann vor ihrer Nase hat, der sie will, rennt sie weg. Dafür sorgt ein unbewusster Teil in ihrem Unterbewusstsein, der mit verlassen und verletzt werden rechnet, sobald Nähe auch nur in Sicht ist.

Annalena und all die anderen Freundinnen haben miterlebt, wie hart und zerstörerisch die Trennung ihrer Eltern war. Sie haben ziemlich brutale Kämpfe miteinander gefochten und die Kinder überall mit reingezogen. Die Mutter hat heute noch, Jahre später, so einen Hass auf den Vater, dass sie den Kindern immer ein schlechtes Gewissen macht und ihnen üble Geschichten über ihn erzählt, wenn sie ihn sehen wollen. Für Annalenas Freundin ist es jedes Mal, als ob sie durch ein Tretminenfeld läuft, wenn sie Kontakt zu jemandem in ihrer Familie sucht.

Vielleicht kannst du den Zusammenhang schon erkennen zwischen dem Beziehungsleben, das sie in ihrer Herkunftsfamilie erlebt hat, und dem, wie sie aktuell in ihrem Datingleben reagiert. Möglicherweise siehst du, wie viel Angst sie noch hat, sich wirklich wieder auf jemanden einzulassen. Ihr Unterbewusstsein versucht sie zu schützen. Es versucht alles zu verhindern, damit es bloß nicht wieder so wehtut wie damals in der Zeit der Trennung. Damit eine neue Beziehung bloß nicht wieder zu so viel Verwicklung und Schuldgefühlen führen könnte wie jetzt in der Zeit danach.

Wenn solche alten Ängste in uns festsitzen – und das tun sie auf die eine oder andere Weise in jedem von uns, ohne

EINLEITUNG

dass es uns vielleicht so richtig klar ist –, dann können sie all unsere sehnlichsten Wünsche boykottieren. Du wirst gleich immer deutlicher verstehen, wie sehr unsere Innenwelt unsere Außenwelt bestimmt und nicht umgekehrt.

Tatsächlich läuft unser ganzes Leben – auch unser Dating- und Beziehungsleben – komplett andersherum. Bevor der Stress da draußen losgeht, gibt es schon Stress in unserem Inneren: Negative Glaubenssätze, alte, längst vergessene Erfahrungen und Verletzungen, unbewusste Prägungen – sie alle bestimmen darüber, wie wir uns und die Welt sehen und wie wir mit uns und anderen umgehen. Und unser Leben und die Menschen, die wir treffen, spiegeln uns das zurück.

Vielleicht gibt es ja bei dir auch gerade ein Thema, das dich ziemlich frustriert, weil du dir etwas sehnlichst wünschst, aber es läuft nicht so, wie du es willst. Du denkst zum Beispiel: »Ich will doch abnehmen. Wieso nehme ich dann partout nicht ab? Ich will doch einen Freund. Wieso bin ich dann nur schon so lange Single? Ich bin jetzt erwachsen und weiß, was ich kann. Wieso habe ich vor manchen Situationen trotzdem so viel Angst? Ich möchte mich doch so gerne auf einen Mann einlassen. Warum renne ich dann immer wieder weg oder vermassele alles?« Oder du denkst: »Ich fand es schon immer so furchtbar, wie sich meine Mutter all die Jahre von meinem Vater abhängig gemacht hat. Und was mache ich: Ich klammere mich wie die Abhängigkeit in Person an meinen Freund, der sich einfach nicht richtig einlassen will.«

Und dann machst du dich womöglich dafür auch noch fertig und denkst, dass DU der Fehler bist. Oder aber du bist mittlerweile komplett frustriert von allen Typen und denkst:

»Gibt es denn nur noch beziehungsunfähige Idioten und nirgendwo den Richtigen für mich?«

Du bist richtig und es gibt auch den Richtigen für dich! Alles, was dafür sorgt, dass ihr beide nicht in einer harmonischen Beziehung lebt, sind diese alten, unbewussten Programme auf deiner und auch seiner Festplatte, die wie zwei gläserne Wände zwischen euch stehen.

Hier im Buch geht es nicht darum, dass wir dir einfach ein paar harmlose Tipps fürs Dating oder Strategien gegen deine Angst geben möchten. Hier dreht sich alles darum, dass du wieder voll in deine Kraft kommst und lernst, deine Erfahrungen im Leben viel stärker selbst zu beeinflussen. Darum, dass du wieder wirklich am Steuer sitzt und dich nicht ständig wie eine fühlst, die irgendwas nie so hinkriegt wie die anderen. Es geht darum, dass du lernst, deine alten Boykott-, Angst- und Verhinderungsprogramme aufzuspüren, sie mit einem emotionalen Virenscanner zu durchleuchten und so upzudaten, dass sie wirklich auch für die Ergebnisse auf deinem Bildschirm sorgen, die du dir wünschst.

Dazu ist es hier im ersten Schritt wichtig zu verstehen, dass der Teil von dir, der endlich ein Date mit einem verbindlichen Menschen möchte, der es auch ernst meint… der Teil, der abnehmen, so richtig durchstarten und erfolgreich sein will… oder der Teil, der eine lebendige und nahe Beziehung mit einem Freund haben oder frei und unabhängig in einer Beziehung leben will, im Moment tatsächlich eben nur so verschwindend wenig, eben nur fünf Prozent deiner selbst ausmacht. Dass dein dir bewusstes Alltags-Ich mit seinen Wünschen und Zielen darauf kaum Einfluss hat. Dass aber tatsächlich dein ganzes Leben von einem ganz anderen Ort in dir bestimmt wird.

EINLEITUNG

Du und ich, wir alle haben eine unsichtbare Megafestplatte in uns und das ist unser Unterbewusstsein. Du weißt jetzt, dass es sage und schreibe 95 Prozent deines Bewusstseins ausmacht. Deshalb ist es so superwichtig, etwas über dein Unterbewusstsein zu wissen, weil in ihm einfach alle – nicht nur deine bewussten – Erfahrungen, Gefühle und Prägungen abgespeichert sind. Alle, die du jemals hattest, vom ersten Atemzug an. Viele von ihnen hast du längst vergessen oder früher irgendwann weggepackt, weil sie zu schmerzlich oder überwältigend waren, so wie bei Annalenas Freundin mit der Horrortrennung ihrer Eltern. An so etwas wollen wir irgendwann einfach nicht mehr denken und deshalb verbannen wir es aus unserer Erinnerung.

Aber im Unterbewusstsein wirken die alten Geschichten trotzdem weiter. So wie Programme auf unserem Computer, die einmal aufgespielt wurden, immer weiterwirken, ohne dass wir sie auf unserem Bildschirm sehen. Programme, in denen Verletzungen, negative Glaubenssätze, Altlasten, ja sogar die Gefühle anderer Menschen gespeichert sind, die wir unbewusst seit Ewigkeiten mit uns herumschleppen, aber meist längst vergessen haben, dass sie in uns wirken. Aber wenn du an die Festplatte deines Computers denkst, wird dir klar, dass die Programme auf ihr trotzdem alles, was du da auf deinem Bildschirm machen kannst, bestimmen – auch wenn sie alt sind, du sie nicht sehen kannst und vielleicht auch gar nicht alle kennst. Dein Computer kann nur das machen, was sein Betriebssystem und seine Programme ausführen können.

Und dein Selbstwertgefühl, dein Erfolg und dein Beziehungsleben funktionieren nur so gut, wie es die Programme in deinem Unterbewusstsein zulassen. Jeder von uns hat altes Zeug auf der Festplatte, das dringend ein paar Updates braucht oder gelöscht werden muss. Manchmal haben wir zum Beispiel eine schmerzliche Beziehung nie richtig verarbeitet und tragen deshalb immer noch alle möglichen Ängste in uns herum. Wie zum Beispiel, dass es wieder wehtun könnte, wenn wir uns noch mal auf jemanden einlassen. Und genau diese Ängste wirken sich, wenn wir uns so gerne wieder verlieben möchten, kontraproduktiv aus und vermasseln uns hier und heute unsere Dates.

Viele der Antidating- und Beziehungsunglück-Programmierungen auf unserer inneren Festplatte sind sogar noch viel früher entstanden, sodass wir im Zweifel nicht die geringste Ahnung haben, dass es sie überhaupt gibt und wie ungesund sie in unser heutiges Liebesleben hineinwirken. Mich hat die Zahl auch erst mal geschockt: Aber die Wissenschaft geht davon aus, dass unser komplettes Bindungs- und Beziehungsverhalten und unser Selbstwertgefühl zu 80 (!) Prozent bereits im Mutterbauch und in den ersten drei Jahren festgeschrieben werden – also in einer Zeit, an die kaum jemand von uns klare Erinnerungen hat, in der wir noch gar kein eigenes Ich besaßen und vollkommen abhängig von anderen waren. Als wir die Dinge noch gar nicht mit unserem Verstand verarbeiten konnten, sondern alles, was mit uns und um uns herum geschehen ist, ungefiltert gefühlt und wie ein kleiner Schwamm aufgesogen haben.

Als kleines Kind war für uns Liebe total passiv: Wir haben nichts weiter getan, als zu nehmen, was immer es auch um uns herum gab. Wir haben alles einfach aufgesaugt: Nahrung, Wärme und Zuneigung genauso wie Störungen, Lieblosigkeit und Abweisungen.

EINLEITUNG

Weißt du, dass du bereits im Bauch deiner Mutter alles mitfühlen konntest, was sie gefühlt hat? Dass nicht nur die ganze Zeit dein winzig kleiner Körper von ihr genährt wurde, sondern jedes Mal, wenn sie sich gefreut hat oder wenn sie traurig war, in ihr Hormone und Biochemie ausgeschüttet wurden? Die dich dann damit überflutet haben und dich immer alles von ihr mitfühlen haben lassen – Gefühle, die nicht deine waren, sich aber so allumfassend wie deine eigenen angefühlt haben. Aber du bist herangewachsen und hast gelernt: So fühlt sich das Leben an, auch wenn das nur das Gefühlsleben deiner Mutter in deiner kleinen Fruchtblase war.

Und so ähnlich ging das weiter, als du ein kleines Baby warst. Alles, was die Leute um dich herum gemacht, gesagt, gefühlt und für richtig oder falsch gehalten haben, hast du dir völlig automatisch auf deine Festplatte kopiert. Du hast gelernt: So wie es in deiner Familie und in deinem Umfeld ist, so ist das Leben halt. Du hast dich nicht gefragt, ob dein Vater vielleicht gar nicht mit Gefühlen umgehen kann, wenn er nicht mit dir kuschelt. Oder dass deine Mutter gerade total überfordert ist, wenn sie sich nicht um dich, sondern um deine Geschwister kümmert. Oder ob deine Mutter nicht wegen dir unglücklich ist, sondern weil dein Vater sich in eine andere verliebt hat. Dass du nicht wertlos und von allen verlassen bist, bloß weil deine Eltern jetzt deine kleine Schwester bekommen haben.

Anders als heute hattest du als kleines Kind keine klaren eigenen Ich-Grenzen, sondern warst viel mehr eingewoben in das Ganze, was um dich herum geschah. Du konntest die Dinge nicht logisch verstehen und vor allem warst du, als du so klein warst, vollkommen abhängig von der Zuwendung anderer. Du hättest in bestimmten Situationen Liebe, Sicherheit oder Schutz gebraucht und hast nicht verstehen können, warum gerade keine Liebe für dich da ist, sondern einfach nur gefühlt, dass du nicht geliebt wirst. Und in solchen Momenten sind dann in deinem Unterbewusstsein Glaubenssätze über dich entstanden wie: »Ich bin wertlos. Ich habe keine Liebe verdient.«

Und heute schlummert in dir immer noch dieses Kind von damals, das sich Zuwendung gewünscht hat, das getröstet und aufgebaut werden wollte. Es lebt in dir emotional weiter. Du mit den Gefühlen im Mutterbauch, als Baby, mit fünf, acht, zwölf, fünfzehn Jahren. Dein inneres Kind, das noch so fühlt wie damals und sich immer noch nach der Liebe sehnt, die ihm früher so gefehlt hat.

Damals hat die Liebe der anderen auf dich wie Dünger auf einen kleinen Samen gewirkt. Wenn in entscheidenden Momenten Liebe und Zuwendung da waren, bist du emotional gewachsen. Wenn du Einsamkeit, Ablehnung, Ausgrenzung oder gar Gewalt und Missbrauch erlebt hast, ist etwas in deinem Herzen eingefroren und deine emotionale Entwicklung wurde unterbrochen. Deshalb gibt es in dir auch nicht nur ein inneres Kind, sondern eine Art unterbewusste Großfamilie mit all den inneren Kindern jeden Alters, die nicht mit deinem bewussten Erwachsenen-Ich mitgewachsen sind. Und die fühlen sich immer noch wie ein Baby, eine Dreijährige und ein pubertierendes Girlie.

Und deshalb verstehst du manchmal überhaupt nicht, warum du dich gerade so kindisch anstellst, überhaupt keine Kontrolle mehr über deine Gefühle hast und plötzlich so bedürftig wirst. Deshalb ist in dir und in uns allen so viel Hunger nach Liebe und Aufmerksamkeit. Und darum fühlst du dich manchmal so hilflos wie ein Kind. Du stellst dich nicht an. Dein inneres Kind ist gerade aktiv und steckt noch in den Erfahrungen der Vergangenheit fest. Es wünscht sich, dass ein anderer Mensch kommt und ihm endlich all das gibt, was ihm seit Ewigkeiten fehlt.

Und deshalb wirst du auch manchmal von Gefühlen übermannt und wunderst dich selbst, warum du dann so heftig reagierst. Weil in dir seit Ewigkeiten ein Gefühlsstau herrscht. Gefühle sind voller Energie und Kraft. Und wenn wir sie nicht fühlen, zeigen und leben, sondern wegpacken und uns anpassen und funktionieren, dann steckt die ganze Energie und Kraft in uns fest. Sie wirkt entweder explosiv und zerstörerisch oder schließt uns in einem Panzer ein. Irgendwann können wir den ganzen Wust an weggedrückten Gefühlen nicht mehr kontrollieren – sie kommen plötzlich wie Guerrillas aus ihren Verstecken. Manchmal werden wir wie aus dem Nichts von Angst vor dem Alleinsein überfallen. Wir verstehen zum Beispiel nicht, warum wir so krass eifersüchtig sind, so viel Schiss vor zu viel Nähe oder Angst vor dem Verlassenwerden haben. Manchmal überfallen uns alle möglichen runterziehenden Gefühle gleichzeitig.

Du wirst sehen, dass die allermeisten von ihnen nichts mit deinem jetzigen Ich zu tun haben, sondern degenerierte und in dir aufgestaute alte Emotionen sind, die mittlerweile ihr Unwesen im Untergrund deines Bewusstseins treiben. Du kennst das aus dem Märchen: Da gibt es immer Monster, Frösche oder böse Feen, mit denen keiner was zu tun haben will oder vor denen der Held eine Höllenangst hat, weil sie ihn umbringen könnten. Aber dann erfährt der Held, dass sie früher wunderbare Wesen waren – Prinzen und Prinzessinnen.

Nun hat der Held in jeder der Geschichten nur eine Chance: Er muss allen Mut zusammennehmen, sein Herz öffnen, sie entweder küssen, umarmen oder ihr Geheimnis herausfinden. Und siehe da, plötzlich verwandeln sie sich – wenn er sie wirklich liebt – in die wunderbaren Wesen zurück. In die, die sie einstmals waren, bevor sie verwunschen wurden.

Bei dir und jedem von uns gibt es auch all das Wunderbare, was dich immer schon ausgemacht hat, das sich aber irgendwann im Laufe deines Lebens verwandelt hat in plagende Monster, vor denen du dich selbst manchmal erschreckst. All deine zarten, leichten, überschwänglichen Gefühle und diese bedingungslose Liebe, die du als Kind empfunden hattest. Damals warst du total lebendig, ehrlich, verletzlich, wild, unschuldig und voller Gefühl. Du warst einfach so, wie du eigentlich vom Wesen her bist.

Und dann ging's los: Bei dir zu Hause durftest du nicht zu laut, nicht zu ausgelassen, nicht zu verrückt, nicht zu ängstlich, nicht zu zart, nicht zu verträumt, nicht zu irgendwas sein. Nicht etwa, weil deine Eltern schreckliche Menschen waren, sondern weil sie es selbst nicht besser wussten. Vielleicht, weil sie mit ihren eigenen Gefühlen nicht umgehen oder sie nicht zeigen konnten. Deshalb haben sie deine nicht erwidern können oder sanktioniert. Und das hat dem kleinen Mädchen in dir so wehgetan, dass es aufgehört hat, einfach spontan und lebendig zu sein. Irgendwann hast du schließlich angefangen, dich von deinen Gefühlen abzuschneiden, sie zu verdrängen und schließlich zu vergessen. Oder du hast mit allen Mitteln versucht, sie herunterzupegeln, zu verstecken und zu kontrollieren. Warum? Einfach, um so zu sein wie die, die du liebst. Und um nicht von denen, die dich lieben, verurteilt, abge-

EINLEITUNG

lehnt oder alleingelassen zu werden. So machen wir das als Kinder.

Und wenn wir älter sind, haben wir vergessen, wie wir eigentlich sind und was wir fühlen. Es wird ganz normal, automatisch und ständig alles zu tun, um nicht das zu fühlen, was wir fühlen. Oder um allen zu zeigen, dass wir gut und liebenswert sind und es schon schaffen. Wir lenken uns ab, stürzen uns ins Studium, in den Job, treiben Sport wie verrückt, machen jede Menge Treffen mit Freundinnen aus oder haben ein Date nach dem anderen – um uns gut zu fühlen. Aber wenn du genau hinschaust, merkst du: Du fühlst dich manchmal einsam, hast ganz schnell Angst, nicht dazuzugehören, bist so oft wütend, schämst dich, bist neidisch oder eifersüchtig. Das sind natürlich keine Gefühle, die du gerne haben möchtest. Und sie kommen auch meistens leider immer nur dann, wenn du sie nicht haben willst.

Jedes Mal, wenn du auf andere Menschen zugehst, setzt sich deine gesamte innere Familie in Gang, mit all den unterschiedlichen Ängsten und Bedürfnissen, mit den Monstern und den Gaben im Rucksack. Sie alle wünschen sich, dass sie heute endlich von irgendjemandem die Liebe, Anerkennung und Befreiung finden, die sie damals so sehr gebraucht hätten.

Heute sind andere Menschen aber nicht mehr dazu da, dir Liebe und Selbstwert zu geben. Heute bist du erwachsen und jetzt ist es an der Zeit, dass du entdeckst, welche unfassbaren Kräfte in Wahrheit in dir für dich wirken, und zu erkennen, dass die Liebe in dir selbst ist. Vorausgesetzt du lernst, dich wieder nach innen zu wenden und sie dort auch wirklich zu fühlen.

Wenn du bald schon einen neuen Zugang zu deiner eigenen Kraft findest; wenn du jetzt langsam sicher und klar fühlen lernst, was du brauchst und was nicht, was wirklich zu deinem Wesen gehört und was nicht; wenn du merkst, dass du dich so zeigen kannst, wie du bist, und dich nicht mehr fürchten musst, was andere denken; wenn du zu verstehen beginnst, wie du innerlich wirklich funktionierst, dann wirst du über dich selbst staunen.

Kannst du dir vorstellen, dass du dasitzen und dankbar dafür sein wirst, dass es dich gibt – genau so, wie du bist? Genau das wird passieren, wenn du dir all die Macht wieder zurücknimmst und fühlen lernst, wie viel Liebe in dir ist und wie viel Quatsch dir über dich und das Leben beigebracht wurde.

Vielleicht hast du schon lange gefühlt, dass das doch irgendwie nicht alles sein kann. Dass diese unverbindlichen, oft so schmerzlichen Beziehungen nicht die Liebe sein können. Dass das, was dir in der Schule vermittelt wurde, für so vieles, was wirklich wichtig für dich ist, überhaupt keine Bedeutung hat. Dass das, was deine Eltern glauben, nur eine Sicht auf die Dinge ist – und oft eine sehr begrenzte. Dass dein Job dich mehr schlaucht als erfüllt. Dass es doch nicht sein kann, dass dein Leben einfach nur dazu da ist, dass du dich entweder betäuben oder abmühen musst, um dich gut zu fühlen.

Es ist so leicht, sich selbst oder andere für das Durcheinander im Herzen zu verurteilen. Aber wenn du endlich verstehst, was in dir und den Menschen, von denen du dich manchmal verletzt fühlst, innerlich los ist, dann kannst du dein Herz wieder öffnen. Wir alle haben so eine tiefe Sehnsucht nach Nähe und Verbindung.

Es ist totaler Quatsch, wenn jemand euch als »Generation beziehungsunfähig« bezeichnet. Wenn du ehrlich fühlst, weißt du, wie sehr du dich nach echter Nähe und einer Verbindung sehnst, in der du dich anvertrauen kannst. Wenn du dir endlich erlaubst, dich nach echter Liebe zu sehnen und mit weniger nicht zufriedenzugeben; wenn du dir erlaubst, dich nicht länger anzupassen, sondern du selbst – besonders und einzigartig – zu sein; wenn du erst mal weißt, wie du in dir selbst für Ordnung sorgst, mit deiner inneren Großfamilie heilsam umgehen und auf deiner emotionalen Festplatte für Updates sorgen kannst, wirst du erleben, dass das Chaos im Herzen sich langsam beruhigt und mit dir alles völlig in Ordnung ist.

Es ist so wichtig, dass du, wenn du die Liebe wieder in dein Leben bringen und deine wahre Liebenswürdigkeit wieder fühlen möchtest, das einmal gehört hast: Nicht du bist falsch!!! Du bist ein wunderbares Wesen voller Liebe. Es sind längst vergangene Erfahrungen, alte Wunden und falsche Glaubenssätze über dich, ja manchmal sogar Gefühle und Defizite der anderen, die bis heute unterschwellig in deine ganze erwachsene Erfahrungswelt hineinwirken und verrückterweise zentral bestimmen, was du heute über dich und deine Möglichkeiten, über Liebe, Nähe, Erfolg, Fülle und Freiheit fühlst und denkst.

Egal, was es war: Ob deine Mutter in der Schwangerschaft überfordert war, dein Vater nicht kuscheln konnte, du später wegen deiner Zahnspange oder wegen deines kleinen Sprachfehlers gehänselt wurdest oder ob du beim Schulsport nie gewählt wurdest. Ob du damals in der Schule Angst hattest, nicht dazuzugehören oder fertiggemacht zu werden. Ob deine Eltern Dauerkrieg führten oder sich plötzlich wie aus dem Nichts scheiden ließen. Ob es in der Pubertät gemeine Kommentare zu deiner Figur gab, dein älterer Bruder in allem immer besser war, alle Jungs immer auf deine Schwester gestanden haben oder deine Eltern oder dein Lehrer dir gesagt haben: »Das schaffst du eh nicht« – all das wirkt auf deiner Festplatte und hinterlässt in deinem Herzen kleine und große offene Wunden.

Vielleicht sagst du jetzt: »Quatsch. Ich wüsste nicht, dass so etwas bei mir gewesen ist. Wir waren eine süße Familie und ehrlich gesagt war ich in der Clique, die beliebt war.« Im ersten Schritt geht es hier nicht darum, dein Leben schlechtzumachen oder nach Problemen zu suchen. Es geht einfach darum, dass du kapierst, dass die meisten Dinge, die jetzt in deinem Leben nicht so laufen, wie du es dir wünschst, an einem Haken aus der Vergangenheit festhängen, auch wenn du dich bewusst nicht mehr an ihn erinnern kannst, weil es entweder schon so lange her ist oder weil es so wehtat, dass du es unbedingt und unter allen Umständen lieber verdrängen oder einfach vergessen wolltest.

Das ist vor allem dann auch wichtig zu verstehen, wenn du eher eine Kämpfernatur bist und der Typ Frau, der Dinge nach dem Motto »aus, vorbei und Deckel zu!« klärt und sich sagt: »Das hier mit dem Typen brauche ich nie wieder! Wenn meine bekloppten Eltern sich scheiden lassen, ist das deren Problem. Mein Lehrer war ein Idiot und die Freunde meines Bruders, die immer irgendetwas Gemeines zu mir gesagt haben, Vollpfosten.«

Selbst wenn du mit Power diese Sachen beendest – wenn du die Gefühle, die in einer schwierigen Erfahrung, in einem Scheitern oder Verlassenwerden liegen, nicht wirklich verarbeitest, sondern nur abgeschnitten oder in eine Kiste gepackt hast, lässt sich dein Unterbewusstsein trotzdem kein bisschen

EINLEITUNG

von deiner Power beirren. Schmerzliche unverarbeitete Erfahrungen wirken bis heute in all dein Denken und Tun hinein, auch wenn du dir einen Panzer zugelegt hast.

Weder Trennung noch Kampf noch die Zeit heilt alle Wunden, sondern verbuddelt sie immer tiefer in dein Unterbewusstsein, das wie Facebook funktioniert: Du redest dir zwar gerne ein, dass nach dem Löschen deines Facebook-Profils alles weg ist. Aber wenn du ehrlich zu dir bist, weißt du, dass dein gesamtes Profil für immer und ewig im Netz gespeichert ist. Genauso ist es mit deinem Unterbewusstsein. Absolut alle deine Erfahrungen – und zwar tatsächlich vom ersten Moment im Mutterbauch an bis heute – sind gespeichert. Und all deine Erfahrungen mit der Liebe wirken sich auf dein Selbstwertgefühl und deine innere emotionale Konstitution aus.

All diese inneren Zusammenhänge zu verstehen, ist hier im ersten Schritt deshalb so wichtig, damit du dich sozusagen »durchschaust«, nicht mehr alles so persönlich nehmen und dich wegen deiner momentanen, vielleicht unliebsamen Erfahrungen nicht mehr fertigmachen musst. Tatsächlich sind sie gar keine objektive Realität, sondern nur im übertragenen Sinn Bildschirme, auf denen du sehen kannst, welche Programme auf deiner Festplatte ihr Unwesen treiben und wo es jetzt dringend Updates braucht.

Zum Schluss dieses kleinen Ausflugs in dein Inneres aber noch die gute Nachricht an der ganzen Sache: In deinem unendlich großen Unterbewusstsein liegt nicht nur der alte Mist herum, sondern auch all dein ungenutztes Potenzial. Unter all den schwächenden oder ängstlichen Programmen sind all deine Gaben verborgen, derer du dir oft noch gar nicht bewusst bist. Dein kleines Fünf-Prozent-Ich ist sehr begrenzt, lebt hinter einem Zaun und weiß nichts von deiner wahren Stärke und deiner Liebe, von all deinen Fähigkeiten auf der anderen Seite, mit denen du deine Träume wahr werden lassen kannst.

Willst du es wagen, dich in einem ganz neuen Licht zu sehen? Dir eingestehen: »Ich habe nicht die geringste Ahnung von mir! Ich weiß momentan nur, dass ich im Moment gar nicht wirklich am Steuer sitze. Da gibt es ein mächtiges Wesen in mir, das die unsichtbaren Fäden meines Lebens in der Hand hält, ohne dass ich es wirklich kenne.«

Dein Unterbewusstsein in seiner Macht und Wirkung zu verstehen, könnte eine der wichtigsten Erkenntnisse in deinem Leben sein. Sicherlich für dein Glück und deine Zufriedenheit wichtiger als fast alles, was du in der Schule oder an der Uni je gelernt hast.

Wenn du aufhörst, dich nur mit diesen fünf Prozent zu identifizieren, und wenn du lernst, in den 95 Prozent für Updates zu sorgen, hast du dein Leben bald wieder selbst in der Hand. Dann kannst du etwas – und zwar endlich das Richtige – dagegen machen, wenn in deinem Dating- und Beziehungsleben etwas nicht klappt.

EINLEITUNG

DU BIST KEIN OPFER, DU HAST DEIN BEZIEHUNGSGLÜCK SELBST IN DER HAND

Fragst du dich manchmal, warum es in einer neuen Beziehung oft nicht besser, sondern eher schlechter als in der alten wird? Du dachtest, du hättest eine nicht ganz so glückliche Beziehung endlich hinter dir gelassen und seist jetzt wirklich bereit für etwas neues Besseres? Und dann kommt das Neue auch endlich. Nur leider hast du jemanden getroffen, mit dem alles, wenn du ehrlich bist, nicht besser läuft als vorher. Manchmal ist es sogar noch schlimmer.

Jetzt möchte ich, Annalena, dir erzählen, wie ich mit den Tools, die dir meine Mutter eben erläutert hat, angefangen habe zu arbeiten – und wie sich nach und nach bei mir etwas verändert hat. Bis es, bis ich allerdings so weit war, hat es noch eine Weile gedauert. Bei mir war es so, dass ich es eines Tages geschafft hatte, mich aus einer langjährigen Beziehung zu lösen, die mir nicht mehr richtig gutgetan hatte. Da ich diejenige war, die sich getrennt hatte, und danach auch erst mal erleichtert war, diesen Schritt hinter mich gebracht zu haben, dachte ich dann nach einiger Zeit, dass ich jetzt wieder offen für etwas Neues wäre. Dachte ich…

Dann landete ich zwei Jahre später in einer geradezu magnetischen, aber gleichzeitig zutiefst frustrierenden Art von Beziehung mit jemandem. Man könnte auch sagen, es war toxisch. Wenn wir zusammen waren, war es manchmal wunderschön und lebendig, aber dennoch gab es nie echte Verbindlichkeit von ihm. Ich dachte – nur nicht von IHM. Damals hatte ich nur begrenzt offene Ohren für die Psychotipps meiner Mutter. Ich wollte einfach keinen Zusammenhang zwischen der Festplatte und meinen Erfahrungen sehen und dachte: Warum lässt ER sich nur nicht ein?! ICH bin doch so bereit. Warum steht er nicht zu uns und ist so beziehungsunfähig? Dieser Meinung waren auch meine Freundinnen, mit denen ich das Plus-minus 10 000 Mal besprach. Ich litt und wartete. Und litt und redete – aber immer, wenn ich ein bisschen Verbindlichkeit wollte, war er auch schon wieder weg und meldete sich nicht mehr.

Mir ging es immer schlechter. Aber anstatt irgendwelche Konsequenzen daraus zu ziehen, fing ich an, meine eigentlichen Bedürfnisse an eine Beziehung immer weiter herunterzuspielen. Ich begnügte mich einfach mit ein paar schönen Momenten und hoffte, dass er sich eines Tages schon ganz für mich entscheiden würde. Aber dieser Tag kam einfach nicht. Immer öfter fühlte ich mich wie ein Opfer. Alles, was ich sah, war: Er macht irgendeinen Mist. Er fragt nicht: »Was machen wir denn nächstes Wochenende?« Er meldet sich schon wieder nicht. Er zeigt seine Gefühle nur, wenn er betrunken ist.

Wenn er sich dann doch wieder meldete, ging es mir kurz wieder besser. Wenn er mir etwas Nettes sagte, fühlte ich mich kurz wieder gut. Und jeder – außer mir – konnte sehen, dass das zwischen uns beiden nichts mit einer echten und schönen Beziehung zu tun hatte, sondern eher toxisch war. Es half nicht einmal, dass meine Freundinnen absolut nichts mehr von dieser Geschichte und von ihm hören wollten. Ich war wie abhängig. Erst wenn er dann mal wieder etwas richtig Blödes gemacht hatte, war ich überhaupt in der Lage zu sagen: »Jetzt reicht's!«

Das habe ich dann allerdings maximal einen Monat durchgehalten. Bis er wieder ankam, weil das ganze Spiel sich jetzt gedreht hatte: Jetzt hatte er Angst, mich zu verlieren. Dann redete er plötzlich von all dem, wovon er Wunderbares mit mir träumte. Und schon sah ich wieder all das Potenzial, all die wunderbaren Möglichkeiten in der Zukunft und all das Liebenswerte, das in ihm steckte. Das tat es auch tatsächlich. Natürlich gab es in ihm viel Liebenswertes. Was ich allerdings verdrängte: dass er all das nicht leben konnte. Und so ging das ganze Elend wieder von vorne los: Er zeigte sich – ich ließ mich ein. Er zog sich zurück – ich begann zu klammern und zu hoffen. Er baute Mist. Ich brach das Ganze wieder ab. Er bekam Angst, mich zu verlieren, und zeigte sich wieder ein Stückchen mehr als beim letzten Mal. Und, und, und...

So oft ich auch schon über Gefühlsdinge mit meiner Mutter gute Gespräche geführt hatte, über diese total vertrackte Geschichte wollte ich nur höchst ungern mit ihr reden. Irgendwann, als sie sah, wie sehr ich litt, fragte sie mich trotzdem: »Annalena, kannst du denn nicht sehen, was da läuft? Er und du, ihr beide habt gleich viel Angst. Ihr passt auf schmerzliche Weise zusammen, ihr dreht euch immer um den gleichen Punkt.«

Diesmal konnte ich nicht anders, als mich auf das, was sie sagte, einzulassen. Ich fühlte einfach, wie wahr es war. Im Gespräch wurde mir auf einmal so klar, wie sehr wir beide panische Angst vor Liebe und vor dem Sich-wirklich-aufeinander-Einlassen hatten. Wie wenig ich für mich sorgen konnte, wenn er da war. Und wie wenig Liebe ich für mich selbst hatte, während ich all das so lange zuließ. Einmal, als ich wieder rückfällig geworden war, dachte ich: »Annalena, du bist wie ein Junkie auf Droge. Du brauchst Entzug.«

Und das war endlich dieser entscheidende Moment, in dem mir ganz klar war: Jetzt ist es genug. Ich nahm mir endlich die Zeit, von der meine Mutter redete: Zeit wirklich für mich, um mich darauf zu besinnen, was ich wirklich will und was ich nicht mehr aushalten kann. Das hatte nichts damit zu tun, dass ich gerade mal wieder akut sauer auf ihn war. Jetzt ging es nur um mich, um mich mit mir. Dieses Loslassen war lange ziemlich hart, aber ich wurde klarer und konnte endlich fühlen: Das, was ich mit ihm lebte, hatte nichts – aber auch rein gar nichts – mit dem zu tun, was ich mir von einer Beziehung wünschte.

Ich schaffte es endlich, mich nicht einfach nur verletzt oder wütend ins Schneckenhaus zurückzuziehen, sondern mich wirklich, nämlich innerlich, aus der Sache herauszuziehen. Und diesmal auch nicht mehr auf all seine Nachrichten zu reagieren, die ja immer dann von ihm kamen, wenn ich endlich losließ. Ich konnte langsam immer deutlicher sehen, was ich vorher nicht sehen wollte: nämlich, dass er nicht stark und bestimmend war, sondern unsicher. Dass er schreckliche Angst vor seinen Gefühlen hatte. Dass er genau solche Sehnsucht nach Liebe hatte wie ich, dass er unbewusst aber solche Angst hatte, von jemand anderem und dessen Gefühlen abhängig zu werden, und deshalb sein Herz komplett verbarrikadierte. Und so stand ich immer vor seiner Wand und fühlte mich abhängig von ihm.

Aber jetzt, als mir all das mehr und mehr klar wurde, konnte ich innerlich immer mehr loslassen, immer mehr Halt in mir selbst finden und ihn so sehen, wie er war, anstatt mich von jeder seiner Regungen abhängig zu machen.

Im ersten Gespräch mit meiner Mutter über diese vertrackte Geschichte meinte sie: »Ihr sitzt beide im gleichen Boot oder besser gesagt zusammen auf einer Wippe. Zumachen, Klammern, Flüchten. Rauf, runter, rauf, runter ... Jeder von euch müsste langsam in die Mitte rücken, damit dieses Auf und Ab aufhört. Du solltest dich endlich auf dich besinnen und dich aus dieser Abhängigkeit befreien. Und er müsste letztlich seine ganze Angst fühlen und sich mit seiner Verletzlichkeit zeigen lernen. Wenn nicht jeder von euch beiden ein paar alte Sachen in sich klärt, geht der ganze Hickhack immer weiter.«

Wie so oft machte meine Mutter mir klar, dass ich nicht auf die Veränderung bei dem anderen hoffen durfte, sondern bei mir selbst anfangen musste: »Annalena, bitte warte nicht darauf, dass er das alles einsieht und erkennt. Vielleicht wird er das nie tun. Das Einzige, was du machen kannst, ist, dich endlich konsequent um dich zu kümmern und dir selbst das zu geben, was du die ganze Zeit von ihm willst. Und das ist, liebevoller mit dir selbst zu sein. Das, was zwischen euch läuft, ist keine Liebe, das zerstört dich! Wenn du anfängst, endlich gut auf dich selbst aufzupassen, dann hast du keine Lust mehr, ewig von der Hoffnung und vom Potenzial zu leben. Wenn du dich endlich traust, auch mal mit dir alleine zu sein und Dinge zu tun, die dich erfüllen, dann würdest du irgendwann andere Männer attraktiv finden. Solche Männer, die auch gut für sich sorgen und mit ihren Gefühlen umgehen können. Erst wenn in dir mehr Liebe für dich herrscht, werden neue Männer in dein Leben kommen, die auch liebevoll mit dir sein können. Und solange du da drinnen nicht aufräumst und deine Wunden und deine Wertlosigkeitsgefühle heilst, so lange wirst du dich immer in die Falschen verlieben.«

Damals war die Zeit gekommen: Ich war endlich weichgekocht genug, um mich wirklich für die Wahrheit eines Lebensgesetzes zu öffnen, von dem meine Mutter mir schon oft erzählt hatte: das Gesetz der Resonanz. Aber erst jetzt konnte ich wirklich fühlen, wie sehr dieses Gesetz auf geheimnisvolle Weise in meinem Leben immer und überall wirkte.

Hast du dich schon mal gefragt, was eigentlich passiert, wenn du dich verliebst? Da kommt ein Mensch in den Raum und irgendwie ist da etwas in der Luft. Der andere strahlt etwas aus und das fühlt sich irgendwie so gut an, ohne dass du es so richtig benennen könntest. Und da sind da Schmetterlinge in deinem Bauch und du könntest selbst fast fliegen. So romantisch und geheimnisvoll uns das auch vorkommt, so sehr wirken da präzise elektromagnetische Kräfte – Resonanzen – ineinander. Einer strahlt Energie aus. Beim anderen kommt Energie an. Das ist so wie Musik, die aus einer Box tönt: Man kann sie auch nicht sehen, aber sie schwingt in Wellen durch den Raum, kommt bei dir an und kann deine ganze Stimmung beeinflussen. Wenn dir jemand Schmetterlinge im Bauch macht, dann schwingt da etwas, das sich für deinen Bauch wie der perfekte Sound anfühlt. Dein Verstand kann das weder nachvollziehen noch erklären, aber da geht auf viel tieferer Ebene – nämlich in deinem Unterbewusstsein – etwas perfekt in Resonanz mit dir.

Dieser magische »Sound« von einem anderen ist in Wahrheit eine Art mentaler und emotionaler persönlicher Fingerabdruck aus Gedanken und Gefühlen, die jeder Mensch in sich trägt und auf andere als Persönlichkeit ausstrahlt. Das, was wir auf andere ausstrahlen, ist das, was wir denken und fühlen. Gedanken sind zwar unsichtbar, aber eine messbare schöpferische Energie, die Wellen von Informationen als elektromagnetische Schwingungen aussenden. Gedanken können

Gefühle erschaffen. Jeder Gedanke, den wir denken, trägt eine besondere Information in sich. Dieser Gedanke sorgt in unserem Körper dafür, dass Hormone und biochemische Stoffe freigesetzt werden. Und diese Stoffe lassen uns das, was wir denken, auch fühlen.

Du kennst das: Du denkst daran, wie das Date mit dem wunderbaren neuen Mann wohl werden wird, und schon fühlst du dich wunderbar. Oder du denkst, warum dein Freund sich den ganzen Tag noch nicht gemeldet hat, und schon fühlst du dich schlecht. Gedanken erschaffen Gefühle und Gefühle bestimmen, wie wir die Welt um uns herum wahrnehmen und wie andere uns sehen.

Dein Denken wird zu deiner Ausstrahlung, zu deinem »Sound«. Vielleicht hast du es schon erlebt, dass dich jemand, ohne dass er irgendetwas gemacht oder gesagt hat, mit seiner schlechten Stimmung komplett runtergezogen oder aber mit seiner Art wieder aufgeheitert hat. Wissenschaftler sprechen hier von Spiegelneuronen. Das sind bestimmte Nervenzellen in unserem Gehirn, also ein Resonanzsystem, das Gefühle und Stimmungen, den »Sound« anderer Menschen sozusagen aufschnappt und dann in unser System überträgt.

Wenn du das mit dem »Sound« verstehst, begreifst du, was beim Daten tatsächlich passiert: Nicht dein kleines bewusstes Fünf-Prozent-Ich mit seinen romantischen Vorstellungen verliebt sich, sondern all das, was du unbewusst glaubst, denkst und fühlst – das ist es, was unsichtbar das Spiel bestimmt. Und das nennt man das Gesetz der Resonanz: Was du denkst, das fühlst du, und was du fühlst, das strahlst du aus. Was du ausstrahlst, das ziehst du an. Das sind die Schmetterlinge im Bauch. Sie beginnen nicht zu fliegen, weil jemand cool aussieht oder etwas Umwerfendes sagt. Sondern weil eine viel, viel tiefere Ebene ihre Wirkung tut: Sein unbewusstes Denken und Fühlen passen zu deinem.

Auch wenn wir sie vergessen haben und niemand sie sehen kann, aber all unsere alten Glaubenssätze und Gefühle tun immer ihre Wirkung. Sie schwingen dein ganzes Leben lang 24/7 für andere fühlbar um dich herum und sorgen immer exakt genau dafür, dass in deinem Leben und in deinen Beziehungen das geschieht, was du über dich und die Welt glaubst.

Das scheint jetzt auf den ersten Blick vielleicht schrecklich. Du denkst dir: »Okay, dann habe ich ja überhaupt keine Chance, jemals jemanden zu treffen, der mir wirklich guttut, mit dem ich nicht einfach nur die Muster meiner Vergangenheit wiederholen muss, sondern mit dem ich das leben kann, was ich heute will.«

Solange du nicht lernst, deine Festplatte upzudaten, stimmt das. Aber wenn du den blockierenden Zusammenhang durchschaut hast, dann hast du augenblicklich das Steuer in der Hand. Du bist kein Opfer, du bist nicht zufällig irgendwelchen blöden Typen ausgesetzt. Du bist ein Supermagnet! Du ziehst präzise und konsequent die ganze Zeit durch dein Denken und Fühlen Erfahrungen in dein Leben. Jetzt tust du das noch völlig unbewusst, aber stell dir vor, was passiert, wenn du lernst, tatsächlich das zu denken und zu fühlen, was du wirklich willst. Wenn der Sound von dir ausgeht, der das Leben und die Beziehungen zu dir bringt, von denen du träumst. Du bist diejenige, die dein Leben erschafft.

Das ist das, was wir in unserem Leben Schritt für Schritt gelernt haben und immer weiter trainieren. Und das ist das größte Abenteuer, das du aus deinem Leben überhaupt machen kannst: dich vom alten Ich mit all seinen Begrenzungen langsam zu lösen und dich Tag für Tag darin auszuprobieren, deinen Sound auf Liebe einzutunen.

DU BIST WIE EIN MÄCHTIGER EISBERG

Fragst du dich manchmal, warum sich am Anfang alles so toll anfühlt, wenn du dich verliebst, und nach einer Zeit ist alles nur noch schrecklich und ihr tut euch gegenseitig weh?

Der erste Schritt raus aus deinen alten Begrenzungen rein in deinen neuen Sound ist, dass du dir den alten Film wirklich vollends bewusst machst.

Was war in mir los, dass ich mir sehnlichst eine schöne Partnerschaft voller Vertrauen und auf Augenhöhe wünschte, tatsächlich aber in so einem kranken Datingkreislauf feststeckte? In Sachen Beziehung hilft mir ein Bild immer sehr, das mir meine Mutter schon sehr früh vermittelt hat, wenn es um die 95/5-Verteilung zwischen meinem bewussten und unbewussten Ich geht. Das ist das Bild eines Eisbergs. So faszinierend, funkelnd und groß er auch aussieht – du weißt, was du da siehst, ist immer nur die Spitze. Unter der Meeresoberfläche gibt es einen gewaltigen Rumpf, der um ein Vielfaches größer ist. Stell dir vor, was passiert, wenn sich beim Dating zwei »Eisbergspitzen« kennenlernen, die beide nichts von ihrem gewaltigen Rumpf unter der Wasseroberfläche wissen. Was passiert, wenn sie sich einander annähern wollen …? Wenn sie mehr Zeit miteinander verbringen, sich mehr aufeinander einlassen wollen …? Während die Spitzen noch entfernt voneinander sind, prallen die beiden Rümpfe voller alter Programme bereits aufeinander.

Denk nun an deine bisherigen Erfahrungen: Auf einmal tauchen Seiten von euch auf, die ihr so noch gar nicht kanntet, und ihr triggert euch vielleicht damit gegenseitig. Es sind plötzlich Sachen da, von denen ihr nichts geahnt habt, als ihr euch in die Eisbergspitze verliebt hattet. Bei jedem Versuch der Annäherung prallen immer wieder die Rumpfe aneinander und halten die Spitzen voneinander fern. Ihr wisst nicht, warum, aber ihr klammert plötzlich, rennt weg oder fangt an zu streiten. Gefühle tauchen auf, die euch überraschen oder verwirren.

Du wirst unsicher, hast immer öfter Angst vor dem Alleinsein oder vor dem Verlassenwerden. Du verlierst all deine Lockerheit. Oder du verschließt dich wie eine Muschel, gehst auf die Flucht, wenn der andere sich dir nähert. Dann seid ihr irgendwie in einer Beziehung miteinander gelandet und die beiden Eisbergrumpfe krachen die ganze Zeit mit voller Wucht unter Wasser gegeneinander – all die vielen Ängste und Erfahrungen, die du einstmals hilflos oder unwissend ins Unterbewusstsein verfrachtet hast, machen sich jetzt bemerkbar. Und so seid ihr zwei Eisberge, die sich anziehen und abstoßen zugleich.

Da kommt das Gesetz der Resonanz ins Spiel. Das ist das zweite große Ding, wenn es darum geht, Zusammenhänge besser zu verstehen. Wenn du dich von jemandem angezogen fühlst, dann glaubst du, du hättest dich in diese prächtige, wunderbar funkelnde Eisbergspitze verliebt. Aber viel stärker wirken die Anziehungskräfte, die von euren unbewussten Programmen im Rumpf ausgehen. Auch wenn das gruselig klingt: Aber unbewusst gehen wir oft extrem stark mit Menschen in Resonanz, die uns überhaupt nicht guttun, die aber perfekt zu unserem Schmerz, unserer Angst und unseren negativen Glaubenssätzen passen. In dieser vertrackten Art von Beziehung damals war ich auf genau den passenden Mann gestoßen, der all meine Ängste und Zweifel genauso wie meine Sehnsucht nach Liebe perfekt bediente. Und sein Unterbewusstsein hatte die perfekte Frau getroffen, die ständig etwas von ihm wollte und damit seine alte Angst triggerte, dass seine Liebe nicht ausreicht und er von den Gefühlen und Bedürfnissen eines anderen Menschen überwältigt werden könnte.

Das Verrückte an so einer Verstrickung ist, dass in diesem Hickhack für unser Unterbewusstsein auf gewisse Art und Weise alles in Ordnung ist. Alles passt, denn du erlebst genau die gleichzeitige Sehnsucht und Distanz zur Liebe, an die du unterbewusst glaubst. Das nennt man das Gesetz der Resonanz, das besagt, dass Gleiches immer Gleiches anzieht. Nach diesem Gesetz funktionieren absolut alle Beziehungen – im Guten wie im Schlechten.

Wenn du dich in jemanden verliebst und Schmetterlinge im Bauch spürst, wenn er in deiner Nähe ist, dann heißt das eben nicht, dass er der perfekte Prinz ist. Es heißt nur, dass du unterbewusst auf alles mit emotionaler Resonanz reagierst, was er aussendet. Und zwar nicht nur auf die fünf Prozent an der Oberfläche, die scheinbar so ideal und perfekt sind. Dein Unterbewusstsein reagiert auch auf all das, was er im Eisbergrumpf mit sich herumschleppt und zu deinen alten Glaubenssätzen aus längst vergangenen Erfahrungen passt. Seine alten Wunden triggern deine eingeschlossenen Gefühle aus deinen alten Wunden.

Und das, was so perfekt mit ihm in Resonanz geht und sich so mit ihm verbunden fühlt, das sind deine alten, oft negativen Glaubenssätze und deine alten Verletzungen, die immer noch unterschwellig in dir wirken. Auch wenn die allermeisten

Eltern nur das Beste für uns wollten, so hat doch trotzdem vieles, was wir von Kind an über Beziehungen gelernt haben, mit Abhängigkeit und nicht mit lebendiger, bedingungsloser Liebe zu tun. Und deshalb verlieben wir uns so oft im Sinne des Gesetzes der Resonanz nicht in jemanden, der gut für uns ist, sondern in jemanden, der uns im Sinne unserer alten Erfahrungen vertraut erscheint. So wahnsinnig das auch klingt, aber viele Studien zeigen, dass sich zum Beispiel Menschen, die Gewalt oder Missbrauch erlebt haben, später in Menschen verlieben, die wieder aggressiv oder missbräuchlich mit ihnen umgehen. Im Eisberg wirkt dann weiterhin eine (natürlich ungute) Resonanz.

Dieses Gesetz arbeitet immer und überall, ob es dir bewusst ist oder nicht. Deshalb können wir alle am Ende in der Liebe niemandem etwas vormachen. Du kannst dich komplett aufstylen und noch so cool an der Bar stehen. Aber wenn du innerlich völlig gestresst und unsicher bist und dich die ganze Zeit fragst: »Wie sehe ich aus…? Wird er mich gut finden…? Oh Gott, die Soundso sieht ja wieder wie eine Bombe aus – und ich…? Wenn er kommt, ist er dann womöglich die ganze Zeit wieder nur mit seinen Jungs beschäftigt…? Mist! Er ist noch nicht da… Kommt er überhaupt…? Soll ich mich vielleicht melden, damit wir uns überhaupt sehen…?« Was glaubst du, wen du mit diesem Denken anziehst?

Oder was glaubst du, wie anziehend du wirklich bist, wenn du einen Mann triffst und lächelst, flirtest und dich wie eine Verführerin gibst – aber eigentlich spielst du diese Rolle, weil du denkst, du bist raus, wenn du nicht alles mitmachst, was er will? Was du äußerlich tust, kann nie, egal, wie sehr du dich anstrengst, wirklich überdecken, was du innerlich denkst und fühlst. Deine Unsicherheit, dein Stress, deine Zweifel an deiner Liebenswürdigkeit, dein Glaube, nicht hübsch oder gut genug zu sein – alles kommt auf einer unterschwelligen Ebene beim anderen an. Alles wirkt und sorgt dann für Resonanz. Alles, was du denkst, verwandelt sich in Gefühle. Und deine Gefühle werden zu deiner Ausstrahlung. Und schließlich: Was du emotional ausstrahlst, ziehst du nach dem Gesetz der Resonanz auch emotional an.

Kannst du dir vorstellen, wen du anziehen wirst, wenn du dich aufhübschst und dich oberflächlich cool gibst …? Wenn du auf lässig machst, dich scheinbar unnahbar gibst und überhaupt nicht sagst und zeigst, was du wirklich fühlst …? Wenn du noch sehr unsicher bist, ob er dich wirklich so, wie du bist, mag? Du wirst mit jemandem in Resonanz gehen, der eben auch nur oberflächlich cool und lässig, aber unterschwellig genauso verunsichert ist wie du. Der sich auch nicht traut, sich wirklich als der, der er ist, einzulassen. Und dann steht ihr beide trotz aller Coolness vor der gläsernen Wand aus Angst.

Du kannst das Gesetz der Resonanz nicht überlisten. Wenn du jetzt noch mal auf jemanden triffst, mit dem die Liebe nicht geht und der sich nicht richtig einlassen kann, dann schau mit neuen Augen auf das Ganze. Erkenne, dass er etwas mit dir zu tun hat. Verwickle dich nicht mit ihm, hör auf, ihm etwas vorzuspielen, und öffne dein Herz. Erkenne, dass er genauso viel Angst hat und sich unten im Eisbergrumpf genauso wenig liebenswert und sicher fühlt wie du.

»Gleiches zieht Gleiches an« heißt allerdings nicht, dass er deshalb alles genauso macht wie du. Bei dir sieht man vielleicht viel eher, dass du klammerst und mehr willst als er. Und bei ihm kann es auf den ersten Blick so aussehen, dass er eher unnahbar ist und die Dinge scheinbar im Griff hat. Klammern und Abwehren sind nur zwei unterschiedliche Schutzmechanismen. Jeder von uns hat für sich unbewusst einen Weg gefunden, wie er sich entweder vor weiteren Verletzungen schützen will oder wie er glaubt, die Liebe am ehesten zu kriegen.

Manchmal sind die Schutzmechanismen nur sehr schwer zu erkennen. Ich habe eine Freundin, die auf den ersten Blick immer megalässig wirkt. Wenn sie datet, hat sie am Anfang eine »No fucks«-Ausstrahlung. Dann stehen die Männer extrem auf sie. Aber irgendwann hat sie die Kontrolle über ihre wahren Gefühle verloren und kann ihre Sehnsucht nach einer richtigen Beziehung nicht mehr zurückhalten. Auf einmal wird sichtbar, dass sie gar nicht so cool ist, sondern etwas von ihm will. Das ist dann der Moment, an dem sich auf einmal alles dreht und die Männer plötzlich auf Abstand gehen. Dann bekommt sie Angst, beginnt zu klammern, bis irgendwann geschieht, was ihr schon so oft passiert ist: Erst war einer Feuer und Flamme, dann irgendwann ist Funkstille und sie wird verlassen.

Wenn die Jungs dann weg sind, ist sie total verwirrt; versteht überhaupt nicht, wie es wieder dazu kommen konnte. Das kenne ich von so vielen Freundinnen: Sie passen sich zunächst an das Jungsspiel an, trinken sich Mut an und spielen eine Rolle. Sie tun am Anfang total entspannt und irgendwann, wenn es dann läuft und sie anfangen, dem Mann zu vertrauen, zeigen sie ihre wahren Gefühle und ihren Wunsch, sich öfter zu sehen. Er aber hatte sich auf jemanden eingelassen, bei dem er gedacht hat: »Keine Gefahr. Alles locker und cool hier.« Und plötzlich stellt er fest, dass die Frau eigentlich ganz anders ist und doch etwas von ihm will.

EINLEITUNG

Ob damals bei mir in meiner unglücklichen Komm-mir-nicht-zu-nahe-aber-geh-nicht-zu-weit-weg-Geschichte oder hier bei meinen Freundinnen – die ganze Zeit kreisen zwei um die Liebe herum und trauen sich nicht. Dass hier dann das Gesetz der Resonanz greift, will natürlich kein Mensch gerne akzeptieren. Wenn alles glattläuft, sagen wir gerne: »Oh ja, ich habe endlich genau den Richtigen gefunden, der perfekt zu mir passt.« Aber wenn sie klammert und er wegläuft… wenn es wehtut, etwas kaputtgeht, einer von beiden auf einmal weg ist… dann wirkt es trotzdem. Und wenn du das akzeptierst, hast du eine echte Entwicklungschance und eine Möglichkeit, endlich wirklich etwas zu ändern.

Wenn du akzeptierst, dass dieses Gesetz IMMER in all deinen Beziehungen wirkt – auch wenn scheinbar »zufällig« Ärgerliches oder Blödes passiert. Wenn du annimmst, dass alles von dir immer bei anderen unterschwellig ankommt. Und dass du, wenn du dich nicht als die zeigst, die du bist, auch nur andere triffst, die sich nicht zeigen – dann kannst du endlich die ganz große Sache wagen: dich kennenzulernen und immer mehr als die zu zeigen, die du bist. Vielleicht verletzlicher als bisher. Vielleicht nicht so cool. Aber authentischer als je zuvor. Rate mal, wen du dann treffen könntest? Hmm? Ja genau, jemanden, der auch so ist, wie er wirklich ist. Und dann könnte die Sache klappen. Echte Nähe könnte entstehen. Zwei Uncoole, die sich langsam Schritt für Schritt aufeinander einlassen. Das ist Liebe.

SECHS SCHRITTE, UM DEINE TRÄUME IM ALLTAG WAHR WERDEN ZU LASSEN

Fragst du dich manchmal, wie du aus einer Sache, die dir überhaupt nicht guttut, endlich rauskommst und nicht wie ein Junkie immer weiter in einer ungesunden Spirale stecken bleibst? Was passiert, wenn du langsam beginnst, deinen »Sound« zu verändern? Wenn du neue Einsichten bekommst, dein Denken veränderst und dir deine alten, unverarbeiteten Verletzungen langsam bewusst werden?

Um dir die Wirkung von all dem ganz praktisch zu zeigen, nochmals zurück zu meiner unglücklichen Beziehung mit dem Mann, der sich nie richtig einlassen konnte.

In den Gesprächen mit meiner Mutter wurde mir immer klarer, was ich noch alles aus der alten, langjährigen Beziehung davor mit in die aktuelle geschleppt hatte. Ich begriff langsam, dass ich den Schmerz, den ich während der Jahre meiner vorherigen Beziehung erlebt hatte, überhaupt nicht verarbeitet hatte. Ich hatte mich zwar getrennt und irgendwie das Gefühl: »Ich hab's geschafft, mich da herauszulösen. Jetzt ist genug Zeit vergangen, da könnte doch etwas Neues klappen.«

Es klappte aber nicht. Nicht wegen ihm, sondern weil ich innerlich noch gar nicht frei und offen für einen Neubeginn war. Das wurde mir aber erst in den Gesprächen mit meiner Mutter so richtig klar. Vorher hatte ich alles so gut weggepackt, wie es eben nur ging. Ganz vorneweg meine Angst, dass das bloß nie wieder passieren sollte, was ich in meiner Langzeitbeziehung am Ende erlebt hatte. Keiner sollte mir mehr so nahe kommen und mir dann das Herz brechen.

Denk an deinen »Sound« und daran, dass Gleiches immer Gleiches anzieht. Und dann stell dir bitte vor, was eine Frau mit so einem Glauben wie meinem und all den unterschwelligen dazugehörigen Gefühlen ausstrahlt und damit anzieht? Richtig: »Komm mir bloß nicht zu nahe!!!! Tu mir ja nicht weh!!! Dir vertraue ich nicht noch mal!!!«

Das alles waberte in meinem Eisbergrumpf, ohne dass ich die geringste Ahnung davon hatte und mich oben in der Spitze allerdings nach einer neuen Beziehung sehnte. Nach dem Gesetz der Resonanz tat all diese alte Angst ihre Wirkung und bescherte mir nun jemanden, von dem ich heute weiß, dass er auch jede Menge Vergangenes überhaupt nicht verarbeitet, geschweige denn an sich herangelassen hatte.

Heute sehe ich so klar: Der neue Mann war jemand, der zwar auf der einen Seite nie ohne eine Frau sein konnte, aber auf der anderen Seite eben nie wirklich mit einer Frau war. Damals kam ich mir so oft so ungeliebt und wertlos vor. Sein ewiges Flüchten hatte mit mir persönlich nichts zu tun. Ich löste es nur bei ihm aus.

Das heißt, um noch mal zurück zur Resonanz zu kommen: Ich hatte immer noch ganz tief in mir Angst vor einer Beziehung. Angst davor, mich einzulassen, verletzt zu werden. Angst vor Nähe. Und so habe ich jemanden gefunden, der mir auch nicht zu nahe kommen würde. Jemanden, der ja selbst Angst hatte, sich einzulassen. So verrückt es klingt, aber als ich die Sache erst mal durchdrungen hatte, musste ich einsehen: Jemand, der mich wirklich gewollt hätte und der sich einlassen hätte wollen, den konnte mein ängstliches Ich zu dem Zeitpunkt gar nicht nehmen.

Wenn du gerade in irgendeiner Sackgasse feststeckst und etwas nicht so läuft, wie du es dir wünschst, oder wenn du sogar in einer ähnlich auszehrenden Beziehung steckst, die immer leerer und verletzender wird, dann nimm all deinen Mut zusammen und hör auf, dich über die Umstände oder den Menschen aufzuregen und dich wie ein Opfer zu fühlen. Denk an deinen und seinen Eisbergrumpf und mach dir klar: So absurd es klingt, aber für deine alten, versteckten Glaubenssätze ist gerade alles in Ordnung – eben gerade, wenn es schlecht läuft und dir jemand nicht guttut. Dann fühlen sie sich bestätigt. Ganz egal, ob du bettelst und flehst, dass es doch endlich bitte, bitte anders werden soll. Mach dir klar: Wenn ich wirklich etwas Neues möchte, dann hilft kein Betteln und kein Flehen, dann brauche ich eine einzige Sache – eine Veränderung in mir! Und was kann ich jetzt ganz konkret tun, um einen Wandel herbeizurufen?

DER ERSTE SCHRITT: STÄNDIG UND ÜBERALL ANDERSHERUM DENKEN ÜBEN

Die neue Art, von innen nach außen zu denken, heißt: Nicht, was irgendwer mit mir macht, bestimmt mein Fühlen, sondern was ich fühle, bestimmt meine Erfahrung. Das musst du regelrecht üben, so wie eine neue Sprache oder ein neues Instrument – täglich und wieder und wieder. Das heißt zum Beispiel: Wenn du in so einer miserablen Beziehung feststeckst, in der dein Freund überhaupt nicht zu dir steht, dann musst du innerlich voller Zweifel sein und dich wertlos fühlen.

DER ZWEITE SCHRITT: LOSLASSEN UND FÜHLEN, WAS ES ZU FÜHLEN GIBT

Hier kommt gleich die zweite Herausforderung: Damit die alten Glaubenssätze von dir durch neue ersetzt werden können, die dir auch wirklich die Liebe und deinen Selbstwert in dein Leben zurückbringen, musst du die alten Glaubenssätze in dein Bewusstsein zurückholen und ihnen Mitgefühl und Annahme schenken. Dazu braucht es wieder deinen ganzen Mut und deine Bereitschaft, von ungesunden oder zerstörerischen Abläufen und Menschen erst mal loszulassen und mit dir selbst zu sein. Wenn du wirklich mit dir bist, ohne dich abzulenken, werden sich die verdrängten Gefühle und die ausgehungerten Kinder aus deiner inneren Großfamilie mit all ihrer Angst und Unsicherheit zeigen – alles, was dich an deinen Freund hat klammern lassen und von jemandem abhängig gemacht hat, der selbst voller Angst und Unsicherheit ist, kommt auf diese Weise in dein Herz zurück, damit du es heilst.

DER DRITTE SCHRITT: LIEBEVOLL ZU DIR SELBST SEIN

Am besten mache ich dir diesen Schritt wieder an einem persönlichen Beispiel aus meinem Leben deutlich: Meine Mutter hatte damals zu mir gesagt: »Annalena, erst wenn du aufhörst, um Liebe zu betteln, und dich stattdessen traust, dich besser um dich selbst zu kümmern, wird sich etwas ändern. Was kannst du jetzt tun, das zeigen würde, dass du – ganz allein du – wirklich liebevoll mit dir bist, gut auf dich aufpasst und selbst für dich sorgen kannst?«

Als ich ehrlich in mich hineinfühlte, wusste ich genau, was die Antwort war: Ich musste ihn loslassen und mich um mich kümmern. Ich blieb danach Abende lang zu Hause, ließ mir eine Wanne ein, machte mir die Wohnung schön oder kochte mir gutes und gesundes Essen. Ich sorgte für mich, trieb meinen Sport und meditierte. Als ich das wirklich konsequent tat und auf seine üblichen Wiederanbandelungsnachrichten nicht mehr einging, kam eine ziemliche Angst vor dem Alleinsein in mir hoch. Mir wurde erst jetzt langsam klar, dass ich sie ehrlich gesagt schon in meiner letzten Beziehung gehabt hatte.

DER VIERTE SCHRITT: AUF ENTZUG VOM ALTEN GEHEN

Immer deutlicher merkte ich, wie viel Unaufgeräumtes aus meiner letzten Beziehung noch da war. Es kam eine heftige Wut in mir auf, die ich damals mit meinem Ex-Freund noch gar nicht zulassen konnte. Aber nun war sie so offensichtlich, dass ich nicht mehr dran vorbei konnte. Ich merkte, wie viel ich damals aus Angst, ihn zu verlieren, immer wieder heruntergeschluckt hatte. Wie oft ich meine wahren Gefühle nicht gezeigt, mich verbogen und mir etwas vorgemacht hatte. Mir das alles einzugestehen und vor allem das alles zu fühlen, war ziemlich hart. Und ich verstand, was meine Mutter meinte, wenn sie ständig sagte: Es ist wie ein Entzug von einer Droge, wenn man endlich bereit dazu ist, aus einer ungesunden Beziehung innerlich auszusteigen.

Aber ich blieb auf Entzug und machte konsequent meine Meditationen, mit denen ich meine innere Aufräumarbeit machte. So sorgte ich für Ruhe in mir und für Updates im

Unterbewusstsein. Und ich richtete mich konsequent gedanklich auf ein neues Leben aus, indem ich mich wieder und wieder fragte, was ich in all meinen Lebensbereichen wirklich wollte: Wie sehen Freundschaften aus, die mir wirklich guttun würden? Wie wäre ein Freund, mit dem ich einfach einen gemütlichen Sonntag im Schlafanzug verbringen könnte? Was wäre ein Job, in dem ich mich so richtig ausleben, ich selbst sein und all meine Leidenschaft einbringen könnte?

DER FÜNFTE SCHRITT: DIE KOMFORTZONE AUFGEBEN UND VERÄNDERUNGEN ZULASSEN

Ich konnte förmlich fühlen, wie ich innerlich immer bereiter wurde, wirkliche Veränderungen auch zuzulassen und meine gewohnte, aber zu enge Komfortzone zu verlassen. Und tatsächlich kamen mit meinen konsequenten inneren Visualisierungen und all diesen neuen Gedanken, Ideen und Wünschen logischerweise – hier greift das Gesetz der Resonanz – langsam auch alle möglichen Veränderungen in mein Leben. Es hat sich mir eine komplett neue Arbeitswelt eröffnet. In meinem Freundeskreis sind Menschen gegangen, stattdessen sind neue gekommen und der richtige Kern ist geblieben. Ich bin umgezogen und habe meine Traumwohnung gefunden. Ich habe angefangen, mich völlig anders und viel gesünder zu ernähren. Ich habe mir viel mehr Zeit für mich genommen und war auch viel lieber mit mir allein. Ich habe angefangen, Yoga zu machen und ganz neu mit meinem Körper umzugehen. Mit der Zeit ist sogar meine Fomo, die Angst, etwas zu verpassen, komplett weggegangen.

Ich will dir nichts vormachen: Es hat mich mehr als einmal ziemlichen Mut gekostet, wirklich loszulassen und mich auf unbekannte Dinge, Menschen und Orte ein- und von Vertrautem loszulassen. Aber es hat sich soooo gelohnt.

DER SECHSTE SCHRITT: ZULASSEN, DASS DEINE WÜNSCHE ANDERS IN ERFÜLLUNG GEHEN, ALS DU DENKST

In dem ganzen Prozess ist etwas passiert, was meine Mutter mir immer wieder vorhergesagt hatte. Etwas, was ich aber bis dahin nie verstanden hatte: Auf dem Weg vom alten zum neuen Ich gibt es manchmal Entwicklungen, die zunächst gar nicht deinen vordergründigen Wünschen entsprechen. Sie stellen sich aber hinterher oft als viel besser für dich heraus als deine ursprünglichen Wünsche.

Eigentlich wollte ich mich in meinem ganzen Neuausrichtungsprozess für eine neue erfüllende Beziehung öffnen. Ich dachte, dass mir das das freie und doch verbundene Gefühl bescheren würde, nach dem ich mich so sehnte. Was sich aber dann aus meinem Inneren heraus immer deutlicher abzeichnete, war mein starker Wunsch, mich mit mir zu beschäftigen und herauszufinden, wer ich wirklich bin und was ich wirklich von meinem Leben will. So lange hatte sich alles um die richtige Beziehung gedreht, dass ich gar nicht mitgekriegt hatte, wie sehr das die Suche an der falschen Stelle war.

Ich merkte, dass mich alle möglichen Männer, die ich früher aufregend gefunden hätte, überhaupt nicht mehr interessierten. Ich sah sie mittlerweile ruhiger und mit einer Außenansicht. Auch beim Feiern wurde ich viel entspannter und spürte viel klarer, ob und wie lange ich irgendwo sein wollte. Ich sagte Einladungen ab, bei denen ich mich das vorher nicht getraut hätte, weil ich Angst gehabt hätte, etwas zu verpassen. Ich wurde freier, offener, selbstsicherer und mir selbst genug.

Aus all dem heraus habe ich mich dazu entschieden, für dich dieses Buch zu schreiben und mich zu zeigen. Du kannst dir vorstellen, dass mir das zu Beginn Angst gemacht hat. Aber als ich dann Ja zu diesem großen Abenteuer gesagt habe, war und ist es immer noch ein so wunderbares Gefühl, das ich mir nie hätte vorstellen können. Es ist wie Schreibschmetterlinge im Bauch.

Ich kann dir nur sagen: Tritt den Weg zu dir selbst an. Das ist das Beste, was du für dich tun kannst. Und wenn du ihn Schritt für Schritt mutig immer weitergehst, kommt in dein ganzes Leben neuer Schwung und eine ganze neue Ordnung.

Wir werden dir im nächsten Teil ganz viele wichtige und dich hoffentlich ermutigende Fragen dazu beantworten, wie du deinen Weg immer klarer finden kannst. Und am Ende des Buchs und im ergänzenden Onlinekurs zeigen wir dir dann, wie du mithilfe unserer coolen Meditationen tatsächlich all die neuen Dinge von innen heraus in dein Leben bringst, von denen du träumst und die vor allem zu deinem wahren Wesen passen.

Selbstzweifel, Singlefrust, Beziehungsstress und Trennungsschmerz?

Da du jetzt die wichtigsten Spielregeln kennst, können wir mit dem praktischen Teil starten. Wir haben die wichtigsten Themen, die aus unserer Erfahrung fast alle betreffen, in einer kleinen Bibliothek für dich vorbereitet. Du musst sie nicht alle hintereinander lesen, sondern kannst dir instinktiv immer gerade die Themen raussuchen, die für dich im Moment wichtig sind. Zum Beispiel, wenn du unsicher bist und Angst hast, etwas zu verpassen. Wenn du dich so gerne wieder verlieben würdest, aber irgendwie auch Schiss davor hast. Und dann bist du auf einmal in einer Beziehung, aber alles ist gar nicht so toll, wie du gehofft hast. Und zum Schluss: Wenn alle Zeichen auf Trennung stehen, aber du, er oder ihr beide der Wahrheit nicht ins Auge blicken könnt. Also schau mal, was gerade für dich wichtig ist.

Unsicherheit, Fomo und andere Sachen, die du nicht mehr brauchst

DU HAST ANGST, NICHT DAZUGEHÖREN

Kennst du das? Dass du etwas nicht richtig findest, es schon länger nicht mehr aushalten und akzeptieren kannst? Dass du wütend auf oder enttäuscht von jemandem bist, dich aber nicht traust, klar deine Meinung zu sagen und dich damit authentisch zu zeigen? Einfach weil du Angst hast, dann außen vor zu sein oder verurteilt zu werden?

Eine meiner Freundinnen hatte eine Zeit lang einen riesigen Konflikt mit ihrem Vater. Zwischen den beiden gab es immer wieder Stress oder es war einfach durchgehend angespannt. Entweder war der Vater sauer oder er hat sie ständig wegen irgendetwas kritisiert. Nur hat sie sich nie getraut, ihm Kontra zu geben oder wenigstens einfach mal das auszusprechen, was eigentlich in ihr vorging, sie aber die ganze Zeit zurückhielt. Irgendwann war es so, dass sie sich nur noch schlecht fühlte, wenn sie ihrem Vater begegnet war. Am liebsten wäre sie ihm komplett aus dem Weg gegangen, aber stattdessen saß sie jedes Mal einfach nur da und hat seine Worte über sich ergehen lassen oder wurde höchstens kurz bockig.

Wir haben ewig darüber gesprochen. Ich habe sie immer wieder dazu ermutigt, endlich zu wagen, ihm gegenüber einmal klar zu sein. Sie war so voller Wut und Verzweiflung, aber wenn sie dann vor ihm stand, war sie jedes Mal paralysiert. Sie hatte wie ein kleines Mädchen das Gefühl, dass er als Vater ja sowieso immer in der stärkeren Position ist. Bis sie mir eines Tages, als sie wieder zu Hause bei ihren Eltern war, schrieb: »Annalena, ich hab's getan. Ich bin einfach ausgerastet und habe ihm alles an den Kopf geknallt. Jetzt ist Funkstille und weißt du was: Ich fühle mich so gut! Ich habe einfach alles gesagt und es war mir egal, was er antwortet.«

Ich war so glücklich mit ihr, dass sie sich das endlich getraut hatte. Früher hatte ich selbst oft Angst, jemandem endlich eine Grenze zu setzen oder ihm unmissverständlich und klar meine Meinung zu sagen. Und ich habe es manchmal ewig vor mir hergeschoben, bis es wirklich nicht mehr ging. Es hat eine ganze Zeit und viele Gespräche mit meiner Mutter gebraucht, bis ich endlich gewagt habe, klar zu sein. Aber seitdem hat sich in mir grundlegend etwas verändert: Ich bin stärker und dabei irgendwie auch erwachsener geworden. Dadurch führe ich auch viel intensivere Beziehungen. Manche Leute haben mich nach so einem Knall oft gemieden und wussten nicht, wie sie mit mir umgehen sollen. Einige waren dann einfach nicht die Richtigen für mich. Und mit anderen hat sich alles noch mal intensiviert und neu aufgebaut.

Und das war ja bei ihr jetzt genauso. Erst mal hatten sie und ihr Vater gar keinen Kontakt mehr. Dann hat er ohne jede Aussprache einfach versucht, so zu tun, als ob alles wieder normal sei. Aber sie ist diesmal nicht mehr darauf eingegangen, weil für sie alles eben nicht normal war. Nach einer langen Pause hat ihr Vater ganz vorsichtig klärende Gespräche gesucht. Und dann begann die Beziehung sich endlich zu verändern und zu verbessern.

Von meiner Mutter habe ich gelernt, einfach über mich selbst zu reden. Statt auf den anderen loszugehen und zu sagen: »Du mit deiner blöden Art und deinem unverschämten Ton hast mich verletzt … Du hackst immer auf mir rum … Du hast mich im Stich gelassen …«, womit sich natürlich jeder angegriffen fühlt und zurückfeuert, sage ich heute einfach meine Wahrheit, indem ich über mich rede: »Ich bin gerade verletzt und ich kann einfach mit deinem Ton so nicht umgehen und halte ihn auch nicht mehr aus.« So bleibe ich bei mir und meinen Gefühlen. Das ist heute eben mein Maßstab, egal, ob andere das genauso sehen oder nicht.

Keiner kann einen wirklich angreifen, wenn man verletzt ist, denn es kann ja keiner sagen: »Quatsch, bist du nicht! Was redest du denn für einen Mist?!« Und wenn jemand dann weiter unsachlich raushaut oder auf dir herumhackt, dann hast du, finde ich, das gute Recht, aus dem Gespräch auszusteigen. Denn dann hast du deine Gefühle ausgedrückt und der andere kann gerade eben nicht damit umgehen. Aber jetzt weiß er wenigstens, was Sache ist.

Und du weißt, wie nervig es andersrum ist, wenn du mit jemandem zu tun hast, der einfach nie klar ganz eindeutig sagt und zeigt, was er denkt oder was gerade los ist. Du wünschst dir zum Beispiel von deiner Freundin, deinem Chef oder einem Kollegen Feedback oder ein klärendes Gespräch. Du möchtest, dass sich jemand dazu äußert, ob du etwas gut oder schlecht gemacht hast, damit du daraus lernen kannst. Oder du wünschst dir, dass jemand in einer schwierigen Situation ehrlich Stellung bezieht, damit du weißt, woran du bist.

Ich habe zum Beispiel eine Weile das Gefühl gehabt, dass ich etwas zugenommen habe, und alle meine Freundinnen meinten immer: »Nein, Quatsch, hast du nicht.« Und dann sagte an einem Abend ein guter Freund zu mir: »Annalena, du hast ein bisschen zugenommen, kann das sein?« Im ersten Moment dachte ich kurz, ich kippe um und versinke im Boden, weil wir gerade noch auf einer Party und umgeben von Leuten waren. Aber am nächsten Tag war ich dankbar darüber. Dadurch, dass er mir das so ehrlich gesagt hatte, wurde ich viel klarer mit mir. Und: Ich wusste jetzt, dass er wirklich mein Freund ist – einer, der sich traut, mir auch mal die Wahrheit zu sagen, und dem ich deshalb wirklich vertrauen kann. Und einer, der sonst total lieb ist und mir oft Komplimente macht. Mich hat sein Feedback auf jeden Fall motiviert, mir einzugestehen, dass ich wieder etwas für meine Figur tun will, was ich dann auch getan habe.

Es bringt dir einfach nichts, dass andere zwar tendenziell nett und höflich zu dir sind, du aber überhaupt nicht weißt, was sie wirklich denken und meinen. Du hängst dann in der Luft und alles bleibt an der Oberfläche. Wenn du dich traust, klarer zu werden und deine Grenzen zu setzen, wird es für den anderen auf eine gewisse Art leichter. Denn jetzt weiß er, wo er bei dir steht. Das kann zwar manchmal unangenehm werden, aber so kriegst du viel mehr Halt mit jemandem und selbst ein viel klareres Profil. Du zeigst: Das bin ich und das denke ich. Die Menschen erkennen, wer du bist, und das macht dich nicht mehr länger zu einem unsicheren Opfer, das alles runterschluckt, sondern ein Stück weit zu einem Anführer für andere, der eine Richtung zeigt. Manche werden sagen: »Okay, das will ich auch!« Und andere: »Die spinnt!« Wenn du klar wirst, wirst du vielleicht mit einigen nicht mehr so eng sein wie früher, aber du hast dann echte Freunde und die auch einen echten Freund in dir.

UND JETZT?

- Fühl nach, in welchen Situationen du selbst den bequemen Weg wählst und nicht wahrhaftig mit anderen bist. Versuch, nach und nach immer mehr Stellung zu beziehen und dich mit deiner Meinung auszudrücken. Du darfst ruhig auch sagen, dass es dir schwerfällt und dass du Angst hast, den anderen zu verletzen oder zu verlieren. Und dann trau dich…
- Schau auf die Menschen in deinem Umfeld und frag dich: Tut er oder sie mir gut? Komme ich mit ihnen wirklich weiter? Sind wir uns tatsächlich nah? Wenn nicht: Schlucke ich was herunter? Ist es überfällig, dass ich mich trauen muss, ihnen etwas zu entgegnen? Und dann frag dich, welche Beziehungen dir überhaupt noch richtig guttun und welche vielleicht einmal von dir herausgefordert werden müssen.
- Versuch dich möglichst nicht so lange zurückzuhalten, bis du nur noch abtauchen oder explodieren kannst. Wenn du merkst, dass du eine Ladung hast, dann versuch, in Ich-Botschaften zu reden und nicht einfach irgendetwas herauszupfeffern. Probier, auch im Streit bei dir zu bleiben, andere nicht einfach fertigzumachen und zu beschuldigen, sondern von dir selbst zu sprechen. Natürlich ist das, was du sagst, nicht allgemeingültig und nicht der Weisheit letzter Schluss. Es verhält sich einfach nur momentan so für dich. Es gibt ja nicht die eine einzig richtige Wahrheit oder Position. Aber es gibt die Dinge, die für dich in dieser Form nicht stimmig sind und einfach nicht mehr gehen. Und dann ist das einfach so, auch wenn es tausend Leute anders sehen.

DAS GEGENTEIL VON GUT IST GUT GEMEINT

Kennst du das? Du machst das, was MAN – egal ob im Job, an der Uni, auf der Schule oder im Bekanntenkreis – eigentlich macht? Das, was dir Erfolg bringen soll, ist das, was deine Eltern oder Freunde gut finden, oder das, was dir eine gute Perspektive für die Zukunft bringt? Aber wenn du ehrlich zu dir bist, fühlt es sich für dich nicht richtig an und du fühlst dich immer öfter lost, fehl am Platz, müde, leer und nie so richtig zugehörig?

So oft höre ich, wie Mädels darüber reden, dass sie etwas machen oder erleben, von dem alle um sie herum sagen, wie super und richtig das doch sei. Oder sie studieren Fächer und arbeiten in Jobs, die alle in ihrer Familie toll finden. Nur für sie selbst fühlt es sich nicht richtig und schon gar nicht super an. Viele machen trotzdem weiter und dann fühlen sie sich irgendwann regelrecht fehl am Platz oder total fertig, weil sie in einem inneren Konflikt feststecken – es passt für sie immer weniger, aber sie versuchen ständig, dieses Gefühl zu verdrängen, weil ja alle sagen, wie toll das doch gerade alles ist.

Die Eltern einer Freundin sind Ärzte und waren von früh an immer sehr wenig zu Hause. Man könnte sagen, dass sie mit ihrem Beruf verheiratet sind. Sie ist so ein Mensch, der seine Familie wahnsinnig liebt und viel Kontakt und Nähe braucht.

Sie hat irgendwann entschieden, dass sie auch Medizin studiert, ohne das wirklich zu hinterfragen. Es war irgendwie klar: Wenn das den Leuten, die ihr so viel bedeuten, wichtig ist, dann wird das auch für sie schon das Richtige sein. Sie konnte zu der Zeit nicht wahrnehmen, dass die Nähe und der Kontakt zu ihrer Familie für sie das eigentlich Wichtige sind. Dass das aber nicht bedeuten muss, das Gleiche wie sie zu machen, um mit ihnen verbunden zu sein.

So hat sie superfleißig Medizin studiert und war irgendwann endlich Ärztin im Krankenhaus. Mit der Zeit wurde immer deutlicher, dass dieser Job sie nicht wirklich glücklich machte, aber jedes Mal, wenn wir redeten, bestand sie darauf, dass er trotzdem das Richtige für sie sei. Irgendwann saßen wir da und sie fing an zu weinen: »Ich gehe da jeden Morgen hin und mein Chef sagt mir sogar oft, wie gut ich das mache. Aber in mir sträubt sich alles immer mehr. Ehrlich gesagt, denke ich mittlerweile jeden Tag: Ich gehöre hier gar nicht hin. Ich muss den ganzen Tag in so einem hektischen und unpersönlichen Krankenhaus sein und dann geh ich abends wieder nach Hause und bin tot. Das ist überhaupt nicht mein Leben. Aber ich wollte doch nun mal Ärztin werden.«

Irgendwann habe ich sie gefragt: Wolltest du das eigentlich selbst oder kam das von deinen Eltern?« Ihre Eltern hatten sie zwar nie gezwungen, aber es war in ihrer Familie unausgesprochen klar: Arzt zu sein ist ganz oben im Ranking. Während wir uns unterhielten, fiel ihr auf, wie viel Aufmerksamkeit und Zeit sie von ihren Eltern bekommen hatte, als sie sich dafür entschieden hatte, Ärztin zu werden. Und wie viel Angst sie hatte, von ihren Eltern loszulassen, die sowieso immer ziemlich mit sich selbst und dem Job beschäftigt waren. Es war schwer für sie, sich einzugestehen, was da wirklich in ihr los war und wie lost sie sich im Krankenhaus fühlte. Einmal weinte sie und erzählte mir: »Weißt du, ich war so oft alleine, als ich klein war. Damals hat meine Mutter mir tausendmal versprochen, dass sie früher kommt. Aber dann ist sie doch wieder in der Praxis geblieben. Jetzt mit dem Medizinstudium waren wir so viel öfter zusammen und außerdem war sie auch noch richtig stolz. Ich weiß, wie viele das cool finden, dass ich das Medizinstudium so super gepackt habe und jetzt auch noch so anerkannt auf meiner Station bin.«

Ich meinte dann zu ihr: »Und wenn die ganze Welt sagt, dass Ärztin zu sein das Tollste auf der Welt ist, ist doch trotzdem die Frage, ob sich das wirklich gut für dich anfühlt. Und wenn nicht, dann ist es doch nicht richtig.«

Oft ist es in unseren Herkunftsfamilien so, dass für alle klar ist: Wir Müllers sind alle Kürbisse. Und wenn Müllers ein Kind bekommen, dann muss das logischerweise auch ein Kürbis sein. Der kleine Kern wird behandelt und erzogen wie ein Kürbis und alle hoffen, dass aus ihm mal ein besonders schöner und großer Kürbis wird. Und weil du ja dazugehören willst, strengst du dich völlig selbstverständlich an, ein guter Kürbis zu werden, um zu den anderen Kürbissen dazuzugehören. Aber wenn du größer wirst, merkst du vielleicht, dass das für dich ziemlich anstrengend oder frustrierend ist. Dann ist es so wichtig, dass du wirklich ehrlich mit dir selbst wirst. Vielleicht sehnst du dich nach mehr Sonne und fühlst dich viel wohler unter Sonnenblumen. Vielleicht fühlst du dich manchmal fremd unter den Kürbissen, weil du einen langen samtigen Stängel und gelbe zarte Blätter hast, gar nicht rund

und orange bist und einen anderen Boden als die anderen in deiner Familie brauchst. In jedem Samenkorn ist von Anfang an alles für die fertige Pflanze angelegt, auch wenn ein Kürbis- und ein Sonnenblumenkern sich ähneln, kommt doch später eine völig andere Pflanze dabei heraus. Du wirst dich erst dann richtig fühlen, wenn du das wirst, was du bist – und das ist nicht das, was deine Eltern glauben. Du wirst immer ein superschlechter Kürbis sein, wenn du eigentlich als Sonnenblume geboren bist und lauter Sonnenblumenbedürfnisse hast. Wenn du merkst, dass es dir nicht gut geht, dass du dich irgendwo alleine, ausgelaugt oder fehl am Platz fühlst, dann ist das nicht, weil du falsch bist, sondern weil du den richtigen Boden, ausreichend Sonne, Wasser und Dünger brauchst. Und wenn du dir das alles schenkst, dann wirst du blühen.

Nachdem meine Freundin sich eingestanden hatte, dass sie sich eigentlich nach Zuwendung gesehnt hatte und dass sie es in ihrer Familie nicht anders kannte als sie über den Job als Arzt zu erhalten, kam viel Traurigkeit in ihr hoch. Von außen betrachtet flog ihr erst einmal ihr Leben um die Ohren. Sie eröffnete ihren Eltern, dass sie nicht mehr länger Ärztin sein wolle, kündigte im Krankenhaus und musste sich dann erst mal eine ganze Zeit lang von ihnen anhören: »Du schmeißt dein ganzes Leben weg… Du hättest später unsere Praxis übernehmen können…« Sie stritt und litt. Aber irgendwann schaffte sie es, ruhig und klar ihren Punkt zu machen und ihre Eltern ein Stück loszulassen. Sie meinte zu mir: »Ich liebe meine Eltern, aber ich möchte nicht so leben wie sie. Das habe ich endlich begriffen. Jetzt muss ich erst mal rausfinden, wie ich leben will.« Dann kündigte sie auch noch ihre

Wohnung, ging eine Zeit lang backpacken und fand schließlich einen Job in einem kleinen Start-up, das sich auf das Thema Nachhaltigkeit konzentrierte. Dort hat sie sich dann gegen den Karriereweg entschieden, den die meisten ihrer Freunde gingen. Sie kann von zu Hause aus arbeiten, verdient zwar nicht so superviel Geld, hat aber viel mehr Zeit für ihren Freund und ihr Privatleben, das ihr genauso wichtig ist wie ihr Job. Wenn ich sie heute sehe, ist sie ein komplett anderer Mensch als früher – sie ist viel mehr sie selbst. Und ihre Eltern haben sich auch wieder beruhigt.

Natürlich wollen wir Eltern, dass es euch gut geht. Aber meistens wissen wir einfach selbst nicht, was euch guttut. Wir gehen so häufig von uns selbst aus. Jemand hat mal zu mir gesagt: »Das Gegenteil von gut ist gut gemeint.« Und das passiert uns Eltern oft. Deshalb ist es so wichtig, dass du dich traust, deine Eltern zu ENT-täuschen. Ihnen zu zeigen, wer du wirklich bist. Auch wenn das erst mal Theater gibt. Das gehört einfach dazu, wenn man langsam sein eigenes Leben leben will. Dir macht es vielleicht Angst, ab jetzt wirklich auf dich selbst zu vertrauen und ohne die Unterstützung deiner Eltern den nächsten Schritt zu gehen. Und deine Eltern haben Angst, dass es dir nicht gut geht. Denken, dass das, was für sie gut war, doch auch für dich gut sein muss. Ich habe es schon mit so vielen jungen Leuten im Coaching erlebt: Wenn du wirklich erwachsen und glücklich mit dir selbst werden willst, dann kommst du nicht umhin, die Normen und Spielregeln deiner Herkunftsfamilie einmal zu hinterfragen. Das kann auch eine Phase der Auseinandersetzung bedeuten. Aber die bringt dir nicht nur Ärger, sondern auch die Kraft, für dich einzustehen.

Das ist vergleichbar mit einem Sportler, der mit Hanteln trainiert. Nur durch das Gegengewicht wachsen seine Muskeln. Eltern und Freunde sind wie Hanteln. An ihrem Widerstand kannst du deine Kraft aufbauen und das ist gut!

Ich weiß noch, wie ich mit meiner Freundin in der Zeit, in der sie so gelitten und mit ihren Eltern gestritten hat, oft Mind Movies gemacht habe. Kennst Du Mind Movies? Das sind Filme in deinem Kopf, in denen du dir vorstellst, wie etwas genau so läuft, wie du es dir wünschst. Wir haben ja schon vorne darüber gesprochen, dass du erst einmal in dir neue Vorstellungen, Bilder und Gefühle für das brauchst, was du dir draußen im Leben wünschst. Manchmal habe ich mit ihr dagesessen und sie gefragt, wie es in ihrer Fantasie wäre, wenn sie ihren Eltern von der Kündigung erzählt und dabei nicht schwach wird. Irgendwann hat sie einfach alleine im Alltag, zum Beispiel morgens auf dem Weg zur Arbeit, beim Duschen oder abends einfach auf der Couch, ihren Mind Movie davon gemacht, wie sie klar mit ihrem Punkt vor ihren Eltern steht. Und dann, eines Tages, rief sie mich an: »Annalena, das klappt jetzt in meinem Kopf. Und jetzt mach ich's in echt!« Und dann hat sie's gemacht.

UND JETZT?

- Schau dir dein Leben an und sei ganz ehrlich mit dir: Was erwarten deine Eltern, dein Freund oder dein Umfeld von dir? Inwiefern prägt, beeinflusst oder belastet dich das? Wo müsstest du eigentlich Nein sagen? Etwas nicht mitmachen?
- Sei ganz ehrlich: Macht dich das, was du gerade tust oder auch mit wem du gerade bist, wirklich glücklich? Wenn nicht, nimm dir die Zeit, dir so unvoreingenommen und mutig wie möglich zu überlegen, was dich wirklich erfüllen würde und was wirklich einfach nur DEINS ist.
- Was wären die nächsten Schritte, um dem, wonach du dich sehnst, ein Stückchen näher zu kommen? Stell sie dir vor und schreib sie auf, damit sie langsam für dich immer konkreter werden. So hast du sie immer griffbereit und kannst checken, ob du dich auf dem für dich richtigen Weg befindest. Im Onlinekurs führen wir dich in einer von uns gesprochenen Audio-Frage-Übung durch so einen Klärungsprozess und deinen inneren Film hindurch. Du musst nur die Augen schließen.

DU PASST DICH VIEL ZU SEHR AN UND DAMIT BIST DU IMMER WIEDER RAUS

Kennst du das? Du bemühst dich, es richtig gut und allen recht zu machen, aber du wirst ausgegrenzt oder sogar gemobbt? Du merkst, wie du dich tendenziell anpasst und nirgendwo aus lauter Angst so richtig deinen eigenen Platz einnimmst?

Als ich neu in einem Job anfing, war meine Abteilungsleiterin sofort supernett und freundlich zu mir. Aber ich spürte schnell, dass einige Kollegen eher kühl und kurz angebunden ihr gegenüber waren. Die anderen verabredeten sich auf dem Gang ganz bewusst ohne sie zum Essen, hielten ihr Informationen vor und machten Absprachen an ihr vorbei, obwohl sie eigentlich in ihren Bereich fielen. Erst dachte ich: »Wie fies sind die denn!«

Aber dann erlebte ich selbst, was der Haken an ihr war: Sie sagte ganz oft nicht wirklich die Wahrheit. Nicht, dass sie kaltschnäuzig log. Wenn es ein bisschen schwierig wurde, eierte sie rum und hatte immer freundliche Ausreden parat, statt klar zu sagen: »Das geht jetzt nicht… Das kann ich so nicht machen…!« Gleichzeitig versuchte sie, ihre Sachen irgendwie durchzubringen, bezog aber nie klar Position und wollte es stattdessen allen recht machen und dabei dann doch irgendwie zu ihrem Ziel kommen. Das war für alle anstrengend und frustrierend, weil man sie einfach nicht zu packen kriegte.

Vor allem stand sie in Verhandlungen mit dem Chef nicht für ihre Kollegen und die Projektabsprachen ein. Das sorgte für richtige Hassattacken gegen sie im ganzen Team, weil alle fürchteten, dass sie sofort umfallen würde, wenn er ein bisschen Druck machte. Sie hatte genauso viel Angst, wie sie Ehrgeiz hatte. Das war für alle, die sich auf sie verlassen mussten, eine Albtraumkombi.

So klar wie bei ihr hatte ich selten erlebt, wie sehr man seine innere Welt von außen widergespiegelt bekommt. Sie zeigte allen nur ihre freundlichen fünf Prozent und die zeigten ihr ihre Reaktion auf die taktierenden, kontrollierenden und ängstlichen 95 Prozent. Statt sich mit ihr verbunden zu fühlen, wollten alle nur von ihr weg. Und zwar zu Recht. Sie war kein Opfer, sie manipulierte – auch wenn sie das sicher nicht bewusst, sondern aus Angst tat. Dieses Erlebnis war für mich ein echter Augenöffner, nachdem meine Mutter mir so viele Jahre gesagt hatte: »Annalena, du bist nicht schwach, du traust dich nur nicht, stark zu sein.« Und das hatte sie in einer Zeit gesagt, als ich mich ziemlich ausgegrenzt und allein fühlte. Seit der Grundschule war ich immer wieder in Cliquen mit anderen Mädels und musste aushalten, wie sie Verabredungen heimlich ohne mich machten und ich mich nie richtig zugehörig fühlte.

Das Schlimmste für mich waren Dreierkonstellationen, in denen es immer eine Anführerin gab, die geguckt hat, mit wem sie gerade lieber etwas machen möchte. Und diese Anführerin war nicht ich. Es gab immer eine von uns beiden, die mal deren Lieblingsfreundin war und die andere war außen vor. Es war wie ein Liebesentzugsspiel, unter dem ich wahnsinnig gelitten habe und das dafür gesorgt hat, dass ich alles Mögliche ausgehalten und ihr nie klar meine Meinung gesagt habe.

Wenn ich mich heute daran erinnere, kommt mir das völlig absurd vor, weil es einfach so gar nichts mit richtiger Freundschaft zu tun hatte. Aber damals habe ich das vor lauter Unsicherheit noch nicht verstanden. Ich wollte einfach so gerne zu einer coolen Clique gehören und so ein begehrtes Mädchen als Freundin haben.

Vielleicht kennst du das Gefühl ja auch, dass du dich nicht richtig zugehörig fühlst, dich immer anpasst in einer Clique, dich nach einer echten, verlässlichen Freundin sehnst. Vielleicht sogar aktuell. Freundinnen von dir gehen aus und fragen dich nicht. Du siehst bei Instagram, dass alle was machen und keiner hat dich gefragt. Oder deine Freundin hat sich verliebt und jetzt bist du außen vor, weil sie nur noch mit ihrem Freund etwas machen will.

Heute sehe ich Mobbing mit komplett anderen Augen. Für mich gibt es nicht mehr auf der einen Seite das arme Opfer und auf der anderen Seite die rücksichtslosen Bösen. Mobbing oder Ausgeschlossenwerden hat ganz oft etwas damit zu tun, dass der Gemobbte unter seiner Kraft fährt. Ich war damals in der Schule nicht einfach nur arm, schwach und ausgegrenzt. Und die Abteilungsleiterin war auch nicht einfach nur nett, lieb und wurde von ihren bösen Kollegen ungerecht behandelt.

Natürlich war mir das damals, als ich in der Situation war, überhaupt nicht klar: Aber gemobbt und ausgegrenzt werden nie wirklich Schwache. Gemobbt werden Leute, die eine eigene Kraft, eigene Stärke und eigene Ziele haben, sich damit aber nicht zeigen, weil sie Angst haben, abgelehnt zu werden. Und dahinter steckt immer das Gefühl, nicht liebenswert zu sein. Und wie du jetzt weißt: Egal, wie freundlich und anhänglich du bist – wenn du glaubst, nicht liebenswert zu sein, dann wirst du eben nicht geliebt, sondern zurückgewiesen, verlassen, ausgegrenzt und gemobbt. Je nachdem, wie stark dieses Wertlosigkeitsgefühl in dir selbst wirkt.

Wir werden dann deshalb von anderen nicht gedatet, kriegen von ihnen so viel Gegenwind oder werden im klassischen Mobbing gnadenlos fertiggemacht, weil die anderen unterschwellig spüren, dass da jemand ist, der klammert, kontrolliert oder manipuliert. Jemand, der etwas will, es aber nicht zeigt und einem damit kein echtes Gegenüber ist. Jemand, dem man auf eine gewisse Art nicht vertrauen kann, weil er weder seine Angst zeigt noch für seine Meinung kämpft noch Position bezieht. Jemand, der nett ist, aber nicht, weil er liebt, sondern weil er immer von anderen die Bestätigung braucht, die er sich selbst nicht gibt.

Vielleicht fällt es dir nicht leicht, das ganze Thema so zu sehen. Vielleicht denkst du jetzt: »Sorry, aber ich leide... Wenn du wüsstest, wie sie mit mir umgehen...« Bei mir hat es ziemlich lange gedauert, bis ich es wirklich nicht nur verstanden, sondern auch in meinem Herzen gefühlt habe, dass ich nicht das arme Opfer bin.

Nachdem ich für mich entschieden hatte, dass es so nicht mehr weiterging, und ich mich mit der Hilfe meiner Mutter endlich ein Stückchen aus diesem verletzenden Dreiecksdilemma befreien konnte, habe ich mich sehr damit beschäftigt, was ich mir eigentlich wert bin. Was ich wirklich von einer Freundschaft will. Endlich habe ich mich gefragt: »Was brauche ich?«

Ich musste lernen, alleine zu sein und das Alleinsein auch auszuhalten, mich selbst auszuhalten! Ich kann dir ehrlich sagen: Ich wäre mindestens so gerne vor mir weggelaufen und hätte mich mit jemand anderem abgelenkt.

Das Härteste, das ich lernen musste, war ganz allein mit Fomo dazusitzen, sie zu fühlen und mit ihr umgehen zu lernen, ohne mich immer gleich an jemand anderen zu hängen. Mich immer wieder zu fragen: »Was will ich? Was tut mir gut? Was ist das, was ich zu geben habe? Was darf niemand mehr mit mir tun?«

Als ich wirklich von meiner Mutter annehmen konnte, dass eben nicht die Schwachen gemobbt werden, sondern die Starken, die ihre Stärke nicht leben, habe ich endlich nach meiner Stärke gesucht und endlich daran geglaubt, dass sie da ist. Ich habe kapiert, dass ich nach vorne gehen muss, aber nicht gegen die anderen und auch nicht auf eine kämpferische Art. Es bedeutete auch, dass ich mich nicht einfach an eine Anführerin dranklemmen konnte, sondern mir überlegen musste: »Was ist mein Weg, was ist mein Ding?«

Die größten Sprünge kamen dann in meine Freundschaften, als ich angefangen habe zu meditieren. Ich habe mich natürlich weiterhin darauf ausgerichtet, was ich eigentlich will und was ich mir wert bin. Aber durch unsere Art der Meditation konnte ich das Ganze auch wirklich verinnerlichen und mich langsam in meiner inneren Vorstellungswelt in eine neue Art von echten Freundschaften hineinbewegen. Oben haben wir es schon erklärt: Wenn du etwas nicht mehr willst und dir stattdessen etwas Neues wünschst, das auch wahr werden soll, dann musst du es dir vorstellen und mit aller Leidenschaft und Freude fühlen, als wäre es schon deine Realität. Und das habe ich damals in der Meditation wieder und wieder getan: Die alten, verletzenden Freundschaften habe ich losgelassen und mir die Freundschaft zu einem Mädchen so vorgestellt, wie ich es mir im Herzen ersehnte. Ich habe mich hineingefühlt, was ich mir wert bin und was ich eigentlich von einer Freundschaft will. Und damit bin ich dann wieder rausgegangen und habe mich geöffnet. Das war das Schwerste: sich zu öffnen, nachdem man schon mehrere Male richtig schlimm verletzt worden war.

Und dann fing ich auf einer neuen Schule endlich damit an, nicht mehr zu schauen, wer cool oder wer mit wem befreundet war, sondern wer zeigte, was er fühlte, und mit wem ich mich auf eine schöne Art weiterentwickeln konnte. So fand ich langsam ganz neue Freundinnen. Mädels aus verschiedenen Freundeskreisen, die mir guttaten und denen ich guttat. Mit ihnen war es einfach schön, befreundet zu sein. Und ab dem Zeitpunkt waren Freundschaften für mich nie wieder ein Thema.

UND JETZT?

- Der wichtigste Schritt: Egal, wie weh es tut, geh nicht in die Opferhaltung, sie macht dich nur immer schwächer. Übernimm Verantwortung für dich und lass die anderen los, die dich verletzen.
- Beschäftige dich mit dem, was du willst oder nicht willst. Aber Achtung: Nicht, was du von IHNEN möchtest, sondern von dir und deinem Leben.
- Und dann geht es wieder darum, dir lebendig vorzustellen, wie sich eine Beziehung, egal ob Freundschaft, Partnerschaft oder unter Kollegen, wirklich anfühlen soll. Es geht darum, deine Gedanken und Gefühle auf das auszurichten, was du dir von dieser Beziehung wünschst. Ist es jemand, auf den du dich verlassen kannst? Mit dem du Spaß haben kannst? Oder jemand, der dich auf eine positive Art herausfordert? Oder, oder ...

UNSICHERHEIT, FOMO UND ANDERE SACHEN

DU BETÄUBST DICH UND DRÜCKST DEINE GEFÜHLE WEG

Kennst du das? Dass du dich oft ganz subtil unsicher und nicht ausreichend fühlst? Du willst dich zum Ausgehen fertig machen und egal, was du anziehst, nichts scheint richtig gut auszusehen, du fühlst dich von Minute zu Minute immer unattraktiver und unzulänglicher…? Sobald du beim Feiern bist und alle um dich herumstehen, verlierst du den Boden unter den Füßen und wirst zum Partyraucher oder kannst nicht ohne Alkohol? Du kannst einfach nicht anders, als dir eine anzustecken, weil du dich ohne Zigarette oder einen Drink in der Hand wie verloren fühlst?

Du freust dich aufs Ausgehen und suchst mit deinen Freundinnen beim Vorglühen nach dem perfekten Partyoutfit. Aber egal, was du aus dem Kleiderschrank holst – alles ist nicht richtig. Bei jedem Blick in den Spiegel merkst du: Das geht gar nicht. Also probierst du das nächste: zu dick… Das nächste: völlig unsexy… Das nächste: zu normal… Aber da ist auch noch dein Gesicht, das dir heute nicht gefällt. Und die Haare erst… Deine Laune sinkt. Nicht einmal das EINE Outfit, das du sonst immer zum Ausgehen trägst, wenn es eine sichere Sache sein soll, ist jetzt gerade richtig. Letzter Versuch: ein fremdes Outfit, das nichts mit dir zu tun hat. Du ziehst ein Kleid von deiner Freundin an. Aber selbst als »die Andere« fühlst du dich schrecklich.

Da ist es mal wieder, dieses nagende Gefühl, das immer dann so zerstörerisch wird, wenn es eigentlich richtig schön werden soll. Nachdem du dich jetzt Outfit um Outfit in Grund und Boden kritisiert hast, gehst du völlig verspätet in deiner Wohlfühlhose los. Dein Freund ist schon mit seinen Jungs vor dir auf der Party. Du merkst, er hat schon getrunken. Deine Freude auf ihn war noch das letzte schöne Gefühl, das jetzt gerade stirbt. Er ist gar nicht mehr richtig da, begrüßt dich kurz und taucht dann mit seinen Jungs ab.

Weil du nach der Klamottenfrustattacke sowieso schon schlecht drauf bist, fühlst du dich jetzt endgültig raus. Und heute Abend beschließt du, auch wirklich »draußen« zu bleiben: Heute Abend wirst du dich nicht abschießen, um wieder reinzukommen und dich damit auf das Level der anderen zu begeben. Mit diesem nüchternen Blick siehst du nur noch Leute, die sich sukzessive betäuben. Die Jungs werden langsam offener und zugänglicher, indem sie immer mehr trinken. Auch dein Freund kommt plötzlich, legt seine Arme um dich. Allerdings so, dass du fast umfällst, anstatt dich bei ihm kuschelig zu fühlen.

Aber auch bei den Mädels ist nicht mehr viel Hoffnung. Viele von ihnen, die sonst nie rauchen, greifen plötzlich zur Kippe. Es wird immer mehr getrunken und geraucht. Nach und nach schießt sich einer nach dem anderen ab und wird immer ungehemmter. Auf dich wirkt das alles ziemlich surreal und schräg: Dein Freund, der sonst leicht wie der Typ perfekter Schwiegersohn wirken kann, ist jetzt nur noch laut und drüber. Wie so oft, wenn er getrunken hat, ist er jetzt dieser komplett andere, der dir nur noch peinlich ist. Tagsüber ist er oft so superehrgeizig und kontrolliert, aber wenn ihr mit seinen Jungs aus seid, dann bist du plötzlich Luft und er macht vor ihnen plötzlich auf den Coolsten, Krassesten und Witzigsten. Du willst nur noch weg. Er wirkt so unauthentisch, weil du weißt, dass er morgen entweder mit den Jungs in seinem Hemd am Frühstückstisch sitzt und allen irgendwelche tollen Geschichten von seiner Arbeit erzählt. Oder, wenn er mit dir alleine frühstückt, gar nichts sagt, streitet oder emotional völlig unberührbar ist.

Auch wenn es wahnsinnig nüchtern und spaßfrei klingt: Eigentlich weiß keiner auf dieser Party, wie er sich einfach so gut fühlen und ausgelassen sein kann. Alle brauchen irgendwas, um in Stimmung zu kommen oder um Unsicherheiten oder weniger spaßige Gefühle zu überwinden. Die Jungs, die im Alltag oft jeden Kontakt mit ihren Gefühlen scheuen, fangen jetzt an, zu trinken oder zu rauchen, um ihre emotionale Handbremse zu lösen. Der Alkohol enthemmt und sorgt dafür, dass die Gefühle wieder herauskommen, die vorher unterdrückt worden sind. Und die Zigarette gibt dem Ganzen noch ein Stück Lässigkeit und Freiheit im Geist. Am Ende sind beide Drogen, die helfen, unbewusste emotionale Blockaden zu umschiffen. Bei den einen muss was freigelegt und entfesselt werden, bei den anderen braucht's eher was zum Festhalten. Vielleicht kennst du das ja auch, dass du an solchen Abenden ständig etwas in deiner Hand halten musst, einen Drink, eine Zigarette oder dein Handy. Oder du checkst andauernd WhatsApp oder Instagram und datest als letzte Rettung dein Handy, weil etwas in der Hand zu haben dir hilft, wenn du dich verloren fühlst. Aber wenn alle ehrlich wären, wünschen sie sich nur eins: Losgelöstheit, Zuneigung und echten Kontakt.

Ich habe mit der Zeit zwei Dinge immer klarer gemerkt: Das eine ist: Es kann keiner da draußen etwas dafür, wenn ich mich verloren fühle. Die anderen sind einfach genauso unsicher wie ich. Nur unter normalen Umständen betäuben wir das alle auf ein ähnliches Level. Und das andere, was mich irgendwann echt traurig gemacht hat: Du brauchst immer mehr Betäubung, um dich selbst so weit nicht mehr zu spüren, dass du dich mit anderen wohlfühlen kannst. Darin liegt eine absurde Logik, aber weder Klamotten, Zigaretten, dein Handy noch Alkohol helfen dir, über das eigentliche Problem – deine Unsicherheit und Verletzlichkeit – hinwegzukommen, sondern all deine Angst wird sozusagen immer weiter weggedrückt. Du willst diese Gefühle nicht fühlen und dadurch wirst du immer abgetrennter von dir selbst. Die Party findet einfach ohne dich statt.

Wenn dich all das manchmal beim Ausgehen nervt, dann kann ich dir nur den Tipp geben, manchmal einfach rechtzeitig zu gehen. Oder, was am Anfang noch schwerer ist, immer mal wieder von den anderen loszulassen und einen Moment mit dir zu sein und zu spüren, was gerade wirklich in dir los ist. Dann siehst du meist auch die anderen viel klarer und bist nicht mehr so abhängig und gefrustet, wenn dein Freund sich nicht kümmert und überhaupt nicht mehr ansprechbar ist. Du siehst, dass er mit sich selbst aus dem Kontakt ist. Dass er gerade das Steuer gar nicht mehr in der Hand hat, sondern der Alkohol bestimmt. Denn du erinnerst dich: Auch nüchtern kann er oft gar nicht so locker und lässig sein, wie er sich das wünscht.

Du kannst leichter draufgucken und sein Verhalten triggert dann nicht gleich deine Unsicherheiten. Wenn du dich darin übst, dich öfter innerlich herauszuziehen, dann findest du immer mehr Halt in dir selbst.

Du weißt, was normalerweise passiert, wenn du nicht aussteigst: Du trinkst mit und fängst im Zweifel an zu klammern in dem Versuch, dieses miese Alleingelassenseingefühl zu überdecken. Und am nächsten Tag erinnerst du dich nur noch daran, dass du betrunken warst und es ja an sich ein witziger Abend war, außer dass dein Freund halt ein bisschen gestresst hat. An dein eigenes Unwohlsein erinnerst du dich meistens nicht mehr.

Mit den Gefühlen gibt es eine große Falle: Wenn wir uns gut, erfüllt, frei und glücklich fühlen wollen, dann müssen wir bereit sein zu fühlen. Aber wenn du fühlst, dann kommst du eben auch an deine Angst. Und die will ja keiner freiwillig fühlen. Und da liegt der Haken: Es gibt in unserem Inneren nicht zwei getrennte Räume für unsere Gefühle, von denen wir den einen abschließen, weil da ja unsere schlechten Gefühle drin sind. Und den anderen machen wir auf, weil da ja unsere guten Gefühle auf uns warten. So funktioniert das nicht. Wenn du wieder fühlen und lebendig sein, in Kontakt und Liebe sein willst, dann musst du bereit sein, alles zu fühlen. Sonst bleibt alles dicht.

Es hat etwas gedauert, bis ich da durchgestiegen bin, dann aber habe ich etwas kapiert: Oft fühlst du dich als Frau so schlecht an der Seite deines Freundes, weil er seine Gefühle nicht fühlen will und sie quasi bei dir landen. Wir haben das am Anfang im ersten Teil schon beschrieben: Oft fühlen wir die unbewussten Gefühle anderer und das haben wir schon von Kind an automatisch getan. Wenn ein Mann im Alltag eher kontrolliert ist und abends plötzlich durch den Alkohol enthemmt und drüber ist, dann geht innerlich nicht nur die

Tür zu seinen guten Gefühlen auf, sondern auch zu all denen, die ihm unangenehm sind. Und plötzlich wird er dir peinlich, du findest ihn superunattraktiv oder nur noch anhänglich. Du willst einfach nur weg von ihm. Warum? Weil jetzt alles mit rauskommt, er sich aber wieder weggebeamt hat. Seine Scham, seine Hemmungen und all das Zeug, was er nicht fühlen will, übernimmst du.

Du ahnst nicht, wie sehr wir in der Gefühlswelt der anderen Menschen mitleben, mit denen wir emotional verbunden sind. So viele Frauen grenzen sich nicht klar ab und tragen alles Mögliche, was die Männer nicht fühlen können. Es ist so wichtig, dass du immer wieder klar mit dir selbst wirst.

UND JETZT?

- Wenn du Unsicherheit in dir spürst, probier, sie bewusst wahrzunehmen und nicht zu verurteilen.
- Wenn du versuchst, mit Alkohol, Zigaretten oder irgendwas deine Unsicherheit zu kompensieren, oder wenn du dich buchstäblich krampfhaft an etwas festhalten musst, frag dich selbst, was du gerade brauchst. Ist es Raum für dich selbst? Ist es Nähe und Kontakt mit anderen? Wie könntest du sie herstellen?
- Sobald du spürst, dass ein Verhalten von jemand anderem starke Gefühle in dir auslöst, tritt einen Schritt zurück und schau dir an, was da gerade passiert. Lass von ihm los, setz bewusst Grenzen und versuch, dich stattdessen wieder auf dich selbst zu konzentrieren. Es ist völlig okay, wenn du dich dann lieber erst mal mit anderen Leuten beschäftigst oder auch nach Hause gehst.

DU DENKST, BEI ALLEN LÄUFT'S, NUR BEI DIR NICHT

Kennst du das? Du hast oft automatisch das Gefühl, dass andere es irgendwie besser hinkriegen, leichter haben und besser aussehen? Dass du dich ganz schnell mit anderen vergleichst, bei Insta Bikinifotos von anderen Mädels stalkst und garantiert zum Schluss kommst, dass dir etwas fehlt, was die anderen haben? Dass du das Gefühl hast, dass bei allen anderen alles immer super läuft, nur du selbst einfach nicht reichst?

Es gab einen einschneidenden Moment in meinem Leben, der mir zu diesem Thema vollkommen die Augen geöffnet hat. Zuvor habe ich jahrelang immer wieder auf andere Mädels geguckt und gedacht: Die hat genau das, was mir so fehlt. Eines Tages nahm mich eine gute Freundin mit zu einer Hausparty und meinte etwas im Scherz, aber eigentlich vollkommen ernst: »Heute Abend können wir alles vergessen. Christine ist da und hat sich letzte Woche von ihrem Freund getrennt.« Was sie damit sagen wollte: Christine ist sowieso die Schönste von allen und jetzt auch noch Single. Alle Männer werden sich nur auf sie stürzen und wir sind damit raus.

Christine war für uns alle der ultimative Maßstab, an den wir aber unserer eigenen Wahrnehmung nach einfach nie heranreichen würden. Alles an ihr schien perfekt: Sie hatte jahrelang gemodelt. Ihr Gesicht war makellos und dann hatte sie noch diese braunen Locken, was sie leicht südländisch wirken ließ.

Sie war größer als wir alle, wog dabei gleichzeitig fast nichts, hatte trotzdem perfekte weibliche Kurven und ellenlange Beine. Und klar: Auch ihr Styling war perfekt. Natürlich so lässig, als ob sie sich immer nur einfach mal eben etwas übergeworfen hätte, während wir uns vor jeder Party stundenlang den Kopf darüber zerbrachen und trotzdem mit dem Gefühl losgingen, nicht schön und gut genug zu sein. Dieses Gefühl bestätigte sich auch: Sobald sie auftauchte, zog sie sofort alle Männer wie magisch in den Bann, ohne dass sie irgendwas machen musste. Wir anderen hörten von allen Seiten, wer alles auf sie stand, während wir Mädels sie in dem festen Gefühl bei Insta stalkten, dass sie einfach alles hatte, was wir gerne sein wollten. Das dachte ich zumindest. Bis zu diesem einen Abend.

Irgendwann ging ich aufs Klo, das wohl versehentlich nicht abgesperrt war, und sah, wie sich Christine übergab. Es war ihr offensichtlich peinlich und sie fing an, sich zu erklären, und meinte, sie habe zu viel getrunken, aber dass es ihr jetzt besser ginge.

Später am Abend standen wir auf einmal nebeneinander in der Küche und es brach regelrecht aus ihr raus. Sie war angetrunken und gab ungefragt zu, dass sie sich nicht wegen des Alkohols, sondern wegen des Essens übergeben habe: »Nach dem Essen fühle ich mich meistens so richtig schlecht. Ich habe dann das Gefühl, dass ich einfach nur dick und hässlich bin. Und dann muss ich mich sofort übergeben. Ich kann nicht anders, als sofort aufs Klo zu rennen. Jedes Mal, wenn ich was esse, muss ich mich danach übergeben... Jedes Mal...«

Ich war komplett perplex, als sie weitererzählte und mir ihr ganzes Herz ausschüttete. Es war so ein bisschen das Gefühl wie damals, als meine Oma sich am Heiligen Abend verplappert hatte und meinte: »Nachdem du ja weißt, dass es gar kein Christkind mehr gibt…« Nein, das wusste ich zu dem Zeitpunkt noch nicht und heulte deshalb stundenlang, weil mit einem Satz eine ganze Welt zusammengebrochen war, an die ich immer so gerne geglaubt hatte. Und jetzt musste ich hören, dass die, von der wir alle glaubten, sie küsst morgens den Spiegel und fällt jeden Abend nur satt und glücklich ins Bett, sich eigentlich ständig nur hässlich und zu dick fühlte und von Wertlosigkeitsgefühlen runtergezogen wurde.

Es war für mich unglaublich unbegründet und schwer nachzuvollziehen, wie jemand wie sie sich so fühlen konnte, und es tat mir wahnsinnig leid. Aber gleichzeitig rückte sie mir als Mensch in diesem Moment so viel näher. Ich stand dort neben ihr und hatte mein Herz weit auf. Ich sah, dass sie genauso mit und gegen sich kämpfte wie wir anderen auch. Alles, wovon ich dachte, dass sie sich nie damit herumschlagen müsste, kannte sie auch. All unsere Ängste und Zweifel hatte sie auch. Und vielleicht sogar noch heftiger als wir. All ihre äußere Perfektion half ihr nicht, sich zu lieben und sich wirklich wohl in ihrer Haut zu fühlen.

Ich war komplett durcheinander. Ihr Geständnis war für mich ein heftiges Aha-Erlebnis, denn dieses Podest, auf das ich sie gestellt hatte, das gab es gar nicht. Sie war ein ganz normaler Mensch mit tausend Unsicherheiten. Und ich fand mich in dem Moment selbst so oberflächlich und dumm, dass ich bisher immer nur von außen auf sie geschaut hatte und bei der ganzen selbstzerstörerischen Vergleicherei mit ihr auch nur von außen auf mich selbst geschaut hatte.

Meine Mutter hatte schon tausend Mal zu mir gesagt, dass ich da draußen die Liebe nie finden würde. Und sie war mir zugegebenermaßen damit manchmal auf die Nerven gegangen. Aber an diesem Abend war ich durch das Geständnis von Christine so weich und so nah mit mir selbst geworden wie lange nicht mehr. Ich konnte ein zartes Gefühl von Liebe in mir und auch für sie fühlen, das mich zutiefst berührte. Ja, die Liebe kommt wirklich nicht von außen. Die Liebe kommt, wenn man sich von innen zeigt: nackt, verletzlich und mit seiner Angst.

Nach diesem Abend sah ich nicht nur Christine mit komplett anderen Augen, sondern auch mich selbst. Die ganze Zeit, in der wir uns alle immer frustriert mit ihr verglichen, waren wir alle Lichtjahre voneinander und von uns selbst entfernt. In diesem Moment, in dem ihre äußere Fassade zusammengebrochen war, waren wir uns so nah. Das fühlte sich gut an. Und ich stellte fest: Dieses Vergleichen war einfach Wahnsinn. Es machte Christine zu einem Objekt.

Vergleichen ist wie Gift. Es macht dich fertig und gibt dir das Gefühl, garantiert nie richtig und genug zu sein. Ganz einfach: weil du ja du und niemals der andere sein wirst, mit dem du dich vergleichst. Was du aber stattdessen tun kannst, ist, dir ein Vorbild, ein Role Model, zu suchen. Es kann dir superviel Kraft und Motivation geben, wenn du bei anderen Menschen schaust, wie sie Dinge lösen und mit Herausforderungen umgehen, bei denen du dich noch schwertust. Es ist gut, immer in seinem Leben Role Models zu haben, von denen man lernen kann und die einem durch ihre Art vormachen, wie man es selbst noch besser machen kann. Das lässt dich, ganz anders als das zerstörerische Vergleichen, wachsen und zu deinem besseren Ich werden.

Ich wollte mich gut und anderen nahe fühlen. Das war's, wonach ich mich eigentlich die ganze Zeit sehnte, als ich mich immer im Vergleichen verloren hatte. Als Erstes beschloss ich, ich würde ab jetzt liebevoller mit mir umgehen. Und ich nahm mir vor, mich für das, was mich ausmacht, wertschätzen. Wie zum Beispiel: Ich lache gerne und liebe Menschen. Ich bin kein sexy Mäuschen. Ich bin auch kein unberührbares Model, sondern nahbar. Und das wollte ich endlich viel mehr leben.

Dann ging ich auf »Mich-vergleichen-Diät«. Wenn ich mit den Mädels unterwegs war und mich wieder dabei ertappte, dass ich mit meinem Blick die ganze Zeit bei einer Schönheit festklebte wie Kaugummi unter dem Schuh, dann holte ich mich zu mir zurück. Ich tat, was ich für so vieles schon als hilfreich kennengelernt hatte: in meinen Körper hineinzufühlen, denn das bringt mich immer aus meinem Kopf und den Fantasien zu mir und ins echte Leben zurück.

Manchmal fragte ich mich die Killerfrage: Mit wem, von all den Männern, die gerade bei der anderen stehen, kann ich wirklich von Herzen lachen? Und schwupps, sah ich alle mit anderen Augen. Viel mehr mit den Augen meines Herzens. Ich wollte nicht von allen angehimmelt, sondern mit einem nah sein. Ich wollte gar nicht die Tollste von allen, sondern fröhlich ich selbst sein.

In der Zeit habe ich meine Meditationsübungen noch mal komplett verändert. Als mir klar wurde, wie sehr und wie oft ich bei den anderen war, wie oft ich mich selbst runtergemacht und andere auf ein Podest gestellt habe, da habe ich morgens erst mal mit einer Runde »Selflove-Medi«, wie ich das nenne, begonnen. Ich bin ganz anders in den Tag gestartet und war einfach viel öfter fine mit mir. Abends beim Ausgehen habe ich darauf geachtet, immer wieder mal ein paar Sekunden in mir anzukommen. Das hört sich nach so wenig an, aber wenn du damit anfängst, verändert sich alles. Du bekommst viel mehr Halt und lässt dich nicht mehr so leicht von allem wegreißen.

Weißt du, was Amy Winehouse, Whitney Houston und Robin Williams gemeinsam hatten? Sie waren internationale Superstars, die von Millionen von Menschen verehrt wurden und alle möglichen Awards gewonnen haben. Und sie waren alle drei so unglücklich in sich selbst, dass sie sich mit Drogen betäubt und vernichtet oder sich sogar das eigene Leben genommen haben. Irgendwann las ich mal über den Schauspieler, Komiker und Oscargewinner Robin Williams: »Er konnte alle glücklich machen, nur nicht sich selbst.« Ich erlebe in all den Jahren, in denen ich als Coach arbeite, so viele Menschen, bei denen du auf den ersten Blick denken könntest: Wow, wie klug, wie schön, wie erfolgreich sie sind… Was sie alles Unglaubliches in ihrem Leben erreicht haben… Aber so oft hat nichts von alledem ihnen geholfen, ihr Glück zu finden. Glück funktioniert völlig anders. Glücklich wirst du, wenn du entspannt mit dir sein und gut auf dich und deine Bedürfnisse aufpassen kannst. Nur weil du irgendwas Tolles hast oder toll aussiehst, heißt es noch lange nicht, dass in dir gute Gefühle herrschen. Wenn du dich selbst nicht glücklich machen kannst, dann nützt dir das alles nichts. Aber wenn du dich mehr und mehr traust, du zu sein, dein Ding zu finden und zu machen, dann ist das nicht nur unglaublich attraktiv, es bringt dir auch Erfolg und Glücklichsein.

Während dieser Zeit haben mich ein paar Fragen immer weiter beschäftigt: Was ist das, wofür ich stehen und gesehen werden möchte? Was macht mich als Person aus? Was macht mich liebenswert? Und was macht mich glücklich? Seitdem bastele ich an meinem Leben herum, nehme nicht mehr alles als gegeben hin und fokussiere mich darauf, was mir guttut. Ich nehme mir noch mehr Zeit zu meditieren, falls es mir nicht gut, geht und tue alles dafür, dass ich mich von innen heraus gut fühle, weil ich gemerkt habe, wie viel länger das anhält.

UND JETZT?

- Geh auf Mich-vergleichen-Diät, wenn du abends unterwegs bist, und kontakte immer mal wieder in deinen Körper, um wieder bei dir anzukommen.
- Wenn du nur noch bei den anderen bist und das Gefühl hast, sie haben alles, was du nicht hast, dann stell dir die Killerfrage: Mit wem von ihnen allen kann ich von Herzen lachen und wirklich offen sein?
- Überleg dir, wofür du wirklich stehst, was dich ausmacht und weshalb du liebenswert bist.
- Trau dich, öfter mal zu sagen, was du wirklich denkst, statt ständig eine Rolle zu spielen, um bei den Leuten gut anzukommen. Wer bist du, wenn du wirklich authentisch bist?
- Schau dir daraufhin deine Social-Media-Accounts an und prüfe, ob du das wirklich bist oder ob du dich da eher als jemand anderes verkaufst. Wenn das so ist, dann versuch doch mal, die Poserbilder zu reduzieren und ein bisschen mehr DU SELBST in deinem Profil zu sein.

DU MACHST DICH KLEIN UND STELLST DIE ANDEREN ÜBER DICH SELBST

Kennst du das? Du machst Sachen, die du gar nicht machen willst, die dir oft sogar schaden, nur um dazuzugehören? Du verlierst dich selbst, opferst dich auf und passt dich anderen an, um sie nicht zu verlieren?

Eigentlich läuft es gerade gut in deinem Leben und du freust dich, deinen Freundinnen diese tolle Geschichte mit dem Typen zu erzählen, der dich so süß eingeladen hat. Oder du willst ihnen berichten über das supercoole Projekt im Job, dass du jetzt endlich die Prüfungen an der Uni durchhast oder einfach nur, dass du heute gerade happy bist. Und dann triffst du sie, ihr fangt an zu plaudern und du merkst, wie ein Mecker-Frust-Sog dich langsam runterzieht. Die eine regt sich über irgendwen auf, die nächste macht mit und dann lästern alle über jemanden, der gerade nicht dabei ist, und kommen so richtig in Fahrt. Oder eine erzählt, wie schlecht alles gerade läuft und wie schrecklich ihr Chef oder ihr Freund sich benimmt, und dann jammern alle anderen zusammen über ihr Leid und all das, was jeder einzelnen widerfahren ist.

Du merkst am Anfang vielleicht noch, dass du dazu gerade überhaupt keine Lust hast. Aber dann spürst du, wie du einfach wie ferngesteuert beim Meckern und Jammern mitmachst, obwohl du ja eigentlich ganz gut drauf warst. Erzählst auf einmal auch, wie stressig es heute im Job und wie blöd die Story bei Insta von XY war. Das Verrückte dabei ist: Wenn du mitmachst, fühlt sich alles irgendwie harmonisch und verbunden an. Je krasser die Opferstory, die eine von euch auspackt, desto mehr Aufmerksamkeit und Bestätigung bekommt sie von den anderen. Es ist eine eigenartige Art von Nähe und Verbundenheit, wenn es allen zusammen schlecht geht.

Warum machst du das nur? Warum vergisst du all dein Glück und jammerst lieber mit den anderen? Wenn du ganz ehrlich zu dir bist, merkst du: Du hast unterschwellig Angst, die anderen vor den Kopf zu stoßen oder ausgeschlossen zu sein, wenn du bei deinem eigenen Gefühl bleibst.

Meckern, Jammern, Lästern sorgt am Ende nur für eins: Du sagst unterschwellig über dich selbst, dass du ein Opfer der Umstände bist, oder du urteilst über andere. Das schwächt dich, sorgt für Trennung und hält dich von deiner Größe und deiner Liebe fern. Nicht mit zu jammern, zu meckern und zu lästern muss man schlichtweg üben. Wenn du merkst, dass alle anderen es gerade tun, dann kannst du trotzdem ganz behutsam die Stimmung nach oben drehen – etwas, wonach sich ja eigentlich alle sehnen. Das heißt nicht, dass du ab jetzt der Oberlehrer wirst, der sagt: »Hey, jammern, meckern und lästern zieht euch nur runter und die falschen Dinge in euer Leben. Lasst uns lieber mal über was Positives reden.« Lass die anderen erst mal, wo sie sind, und fang einfach behutsam an, einen anderen Aspekt in das Gespräch zu bringen oder über etwas anderes zu reden.

Manchmal hilft es, das Thema zu wechseln, manchmal hilft es, einfach zuzuhören und nicht mitzumachen, ohne gleich bockig zu sein. Das fühlt sich dann zunächst komisch an, wie ein Loch, das zwischen dir und den anderen entsteht. Aber wenn du dann einen Moment wieder nach innen gehst, spürst du, dass dir das überhaupt nicht bekommt, wenn alle sich wieder gegenseitig runterziehen. Und erinnere dich stattdessen daran, was dir gerade guttut. Und dann kannst du vielleicht, ohne einen Riesensprung im Gespräch zu machen, mit etwas anderem anfangen. Dann kann euer Zusammensein langsam einen anderen Verlauf nehmen.

Du hast viel mehr Möglichkeiten, deine Beziehungen zu gestalten, als du ahnst. Du bist mit den anderen und gehst gleichzeitig in eine Anführerkraft. Durch dich kommt mehr Liebe rein. Durch dich sehen die anderen vielleicht neue Perspektiven und auf einmal seid ihr zusammen gut drauf. Du wirst spüren, wie toll es sich anfühlt und wie sehr es dein Leben verändert, wenn du merkst, dass du so vieles durch dich selbst bewegen kannst.

Du kennst diese Dynamik sicher auch aus Beziehungen: Nach einem Jahr mit ihrem neuen Freund erkennst du deine alte Freundin einfach nicht mehr wieder. Eigentlich hatten die beiden ursprünglich unterschiedliche Freundeskreise und generell einfach unterschiedliche Leben. Aber nach und nach wird sie immer mehr Teil von seinem Leben. Sie wohnt bei ihm, obwohl sie sich in seiner leeren, nicht so gemütlichen Wohnung gar nicht wohlfühlt. Sie fängt an, sich runterzuhungern, weil er das attraktiver findet und seine Ex-Freundin auch so dünn war. Sie hat überhaupt kein eigenes Leben mehr und verliert immer mehr ihr eigenes Profil, weil sie dazugehören möchte und sich mit ihm verbunden fühlen will. Und dann eines Tages sitzt sie heulend vor dir, weil er sie wie aus dem Nichts verlassen hat.

Warum hat sie das alles gemacht? Aus dem gleichen Grund, warum du mit deinen Freundinnen gejammert hast, obwohl du eigentlich ganz anders drauf warst: weil sie Angst hatte, die Verbindung zu verlieren, wenn sie bei sich und ihrem Wesen, ihren Gefühlen, ihrer Wahrheit, ihren Bedürfnissen bleibt. Sie hat sich so weit an das Bild der Frau angepasst, von der sie glaubte, dass ihr Freund sie will, bis es sie zum Schluss nicht mehr gab.

Was dann leider passiert: Das Gesetz der Resonanz schlägt mal wieder zu. Wenn du dich unbewusst aus Angst vor dem Verlassenwerden oder einem Gefühl, nicht auszureichen, für jemanden aufgibst, bist du irgendwann nicht mehr attraktiv, weil es dich sozusagen gar nicht mehr gibt. Du hast dich selbst zuerst verlassen, warst nicht da als jemand, der wirklich lieben kann. Du hast in der Beziehung gar nicht deine Position eingenommen, auch mit der Konsequenz, dass, wenn jemand dich nicht so nehmen kann, wie du bist, er dann eben nicht der Richtige für dich ist.

Mit anderen zu sein und gleichzeitig du zu bleiben, ist sicherlich eine der größten Herausforderungen auf dem Weg, gut für dich zu sorgen, und es ist der einzige Weg, um wirklich erfüllende Beziehungen in dein Leben zu ziehen. Es ist am Anfang immer noch so schwer zu verstehen, dass du keine Verbindung kriegst, wenn du dich selbst für andere aufgibst. Irgendwo wollen sich ja alle verbunden fühlen und dazugehören. Aber echte Verbundenheit findest du nur, wenn du zuerst mit dir verbunden bist – und bleibst! Wenn du in deine Kraft gehst und dich wirklich zeigst, mit deinen Träumen und

Wünschen und mit dem, was du gerade richtig und wichtig findest. So wirst du Menschen treffen, die sich selbst auch erlauben, sie selbst zu sein, in ihre Größe zu gehen und ihre Träume zu leben. Und dann könnt ihr euch gegenseitig darin unterstützen.

Abgesehen von den Leuten, die du dann treffen wirst, musst du dabei auch einfach an dich denken. Wie leer und ausgelaugt fühlst du dich oft nach so einem Jammertreffen? Wie schön ist es, eigene Erfolge zu teilen und sich in dem, was dich und den anderen ausmacht, so richtig gut zu fühlen? Ich weiß nicht, wie es bei euch früher war, aber ganz viele sind es einfach schon von zu Hause gewöhnt, dass sie erst mal nur für die anderen da sein und sich selbst nicht so wichtig nehmen sollen. In den meisten Familien sind das ganz normale Glaubenssätze. Es geht hier nicht darum, dich im Sinne eines Egoisten wichtig zu nehmen, sondern eher in dem Sinne, dass du lernst, klar zu werden und besser zu dir zu stehen, dabei immer wieder zu checken: Passt das zu mir, ist mir das wichtig und tut mir das gut?

Ganz ehrlich: Sich für andere aufzuopfern, ist etwas, das niemandem hilft – weder dir noch demjenigen, dem du mit deiner Selbstaufgabe helfen willst. Schau doch mal bei anderen, deinen Eltern, Freunden, Arbeitskollegen: Niemand wird dadurch attraktiver, wenn er sich anpasst, alles aushält und Ja und Amen zu allem sagt. Und niemand wird dadurch stärker, wenn du ihm immer hilfst, dich für ihn immer zurückhältst und ihm seine Herausforderungen nimmst. Beim Zurücknehmen und Aufopfern verlierst du deine Kraft und der andere findet im Gegenzug seine eigene Kraft auch nicht. Er braucht dich vielleicht oder er ist bei dir, weil er meint, er muss das sein.

Dadurch werden zwei schwach und die Beziehung gerät in eine Schieflage.

UND JETZT?

- Geh auf Läster-Diät und übe dich einfach darin, andere so zu lassen, wie sie sind. Und das auch, wenn sie ganz anders ticken als du. Dann kannst du dir selbst mit viel mehr Gelassenheit gegenübertreten und dir immer mehr erlauben, so zu sein, wie du bist.
- Unterbrich dich selbst beim Jammern und Meckern. Es bringt nichts, es hilft nicht dabei, irgendwas zu ändern, sondern ist einfach nur emotionale »Umweltverschmutzung«. Wenn du dich dabei erwischst, verurteile dich nicht, sondern schau einfach, was du gerade Positives finden kannst, und dann richte deinen Fokus dorthin.
- Schau dir deine Beziehungen genau an und entscheide, wo und mit wem du wirklich du selbst sein kannst und wo du dich vielleicht immer wieder verlierst. Übe dich geduldig und mitfühlend darin, dich immer mehr auszudrücken und bei dir zu bleiben. Auch auf die Gefahr hin, dass es mal Schweigen oder Stress gibt.
- Probier dich darin, anderen Grenzen zu setzen, die du für dich brauchst, um dir treu zu bleiben und dir Gutes zu tun.

Du möchtest dich so gern wieder verlieben … oder vielleicht doch nicht?

DU GLAUBST NICHT MEHR AN EINE BEZIEHUNG, DIE DICH WIRKLICH GLÜCKLICH MACHT

Kennst du das? Du glaubst gar nicht mehr daran, dass es überhaupt eine richtige Beziehung für dich gibt? Kannst dir gar nicht mehr vorstellen, jemanden zu finden, mit dem es einfach toll ist und der dich gernhat? Ohne komische Spielchen und große Anlaufschwierigkeiten? Du hast gar keine Idee davon, wie eine gesunde und stabile Beziehung eigentlich aussehen könnte? Du siehst andere Pärchen und irgendwie macht dich das neidisch, aber gleichzeitig fühlt es sich auch so weit weg an?

Wenn ich früher mit meinen Freundinnen unterwegs war und wir irgendwo Pärchen gesehen haben, da wurden wir manchmal ganz neidisch, weil wir uns so etwas auch wünschten. Aber sofort war da immer auch ein anderer Teil, der sich gar nicht mehr richtig vorstellen konnte, eine wirklich nahe Beziehung mit jemandem zu führen. Irgendwie war für uns längst klar, dass es sowieso keinen Mann mehr gibt, der mit seinen Gefühlen offen umgehen kann und den man einfach »normal« daten könnte. Eine Freundin sagte dann oft zu mir: »Ach, ich will doch nur einfach mal irgendwo hingehen und jemanden treffen und dann finden wir uns beide einfach nur gut. Der Typ will meine Nummer haben und dann entwickelt sich alles irgendwie ganz natürlich und schön. Einfach ein ganz normales, ehrliches Date.«

Was sich auch total in mir verändert und dafür gesorgt hat, dass ich als Single nicht mehr neidisch auf Pärchen bin: Eine Beziehung zu haben, ist für mich nicht mehr das ultimative Ding, das man haben muss, wenn man glücklich sein will. Ich habe für mich einfach gelernt, dass das Wichtigste ist, dass ich es hinkriege, mit mir selbst gut zu sein. Ich weiß jetzt so viel besser, wo ich stehe und was ich will. Ich weiß nicht, ob das für dich Sinn macht, aber dadurch, dass ich viel klarer mit mir selbst bin, bin ich nicht mehr so abhängig. Früher war ich wie ein Beziehungsjunkie. Aber heute ist für mich klar: Ich möchte nur dann eine Beziehung, wenn sie wirklich nah ist und mich inspiriert. Wenn das nicht so ist, kann ich immer schneller loslassen und bei mir und bei dem bleiben, was ich bin und was ich für eine richtige Beziehung brauche.

Was sich alle wünschen, woran aber kaum eine meiner Freundinnen noch richtig glaubt, ist dieses offene Aufeinanderzugehen. Dass man einfach genau so, wie man ist, bei jemandem landen kann. Alle sind irgendwie genervt oder frustriert und davon überzeugt, dass man niemanden mehr finden kann, bei dem man offen seine Gefühle zeigen kann.

Mir hat das Gesetz »Gleiches zieht Gleiches an« einfach so grundlegend geholfen, aus diesem Hin und Her auszusteigen – entweder schmachtend auf andere Pärchen zu schielen oder völlig frustriert über Männer zu sein. Wenn du auch an allem zweifelst und schon resigniert in deiner Beziehung-ist-unmöglich-Ecke hockst, dann erinnere dich doch an das Kapitel mit den 95 und 5 Prozent. Dann weißt du, dass es dir nicht hilft, bei den anderen zu schauen. Denk einfach dran: Alles, was du da draußen siehst und in Beziehungen erlebst, hat etwas mit dir zu tun.

Kannst du das für dich annehmen? Wenn du schon seit längerer Zeit Single bist, aber kein Single mehr sein willst, dann wollen das wahrscheinlich nur deine bewussten 5 Prozent. Aber da sind ja auch noch deine unbewussten 95 Prozent. All die alten Ängste und Zweifel, die du aus der Vergangenheit mit dir herumschleppst. Und wenn diese 95 Prozent sprechen könnten, würden sie wahrscheinlich sagen: »Bloß nicht wieder dieser Schmerz!«

Du weißt vielleicht gar nichts mehr von diesen alten Erfahrungen. Aber vielleicht hilft es dir, wenn du dir vorstellst, dass sie mittlerweile längst wie feste Programme auf deiner inneren Festplatte wirken. Sie laufen automatisch die ganze Zeit und blockieren jede neue, bessere Erfahrung. Wenn du dich auf jemanden einlassen willst, sagen sie: »Achtung! Unbedingt innerlich verschließen! Denn damals hat's ja so wehgetan. Damals habe ich so eine furchtbar verletzende Erfahrung gemacht. Damals habe ich mich so verlassen und allein gefühlt. Das will ich nie mehr erleben!«

Und dann steckst du in einem Teufelskreis fest, der dir jede Beziehung vermasselt: Du strengst dich an und willst bewusst immer sehnlicher das Eine erleben und unterbewusst willst du unbedingt das Andere vermeiden. Du willst so gern wieder verliebt und glücklich sein. Aber dein Unterbewusstsein möchte unter allen Umständen verhindern, dass dir jemand zu nahe kommt und nochmal wehtun könnte. Deine ganzen alten schlechten Erfahrungen blockieren dich und sorgen dafür, dass alles, was du jetzt erlebst, wieder so wird, wie es schon einmal war. Und irgendwann glaubst du voll und ganz daran, dass eine natürliche und schöne Beziehung, die du dir ja eigentlich wünschst, überhaupt nicht mehr möglich ist.

Dabei ist es nur in deinem Kopf. Wenn alle deine Datingversuche scheitern und du immer länger Single bist und es eigentlich gar nicht sein willst, dann baut sich in deinem Gehirn eine Art festgefahrene neuronale Autobahn und in deinem Unterbewusstsein ein felsenfestes »Nichts-geht-mehr-Programm« auf. Die immer wiederkehrenden Gedanken und Gefühle haben sich so oft in Gehirn und Nervensystem verknüpft, dass es zu einem festen Glauben geworden ist. Damit hat sich deine Vergangenheit längst so sehr auf deiner Festplatte verfestigt, dass du hier und jetzt für neue Erfahrungen gar nicht mehr offen bist.

So viele meiner Freundinnen glauben einfach gar nicht mehr daran, dass es noch mal so richtig gut werden könnte, und geben sich dann mit irgendwelchen halbgaren Beziehungen zufrieden. Vielleicht traust du dich mal zu fühlen, was das für eine riesige Resignation ist, wenn du glaubst, dass es keine richtige Beziehung für dich gibt. Es ist, als ob du zwanzig Mal versucht hast, vom Dreimeterbrett zu springen, und jedes Mal war's ein Bauchplatscher. Und wenn du jetzt wieder oben stehst, denkst du nur noch: »Oh Gott, es tut bestimmt wieder weh.« Du hast Angst, da runterzuspringen und es noch mal zu erleben. Du siehst Wasser und das heißt für dich nicht mehr Spaß, sondern Schmerz.

Statt Freude am Abenteuer und diesem Wahnsinnsgefühl, sich da ein bisschen reinzustürzen, ist da nur noch Angst. Angst ist aber ja nicht das natürliche Gefühl, wenn du vom Dreimeterbrett springst, Angst ist die alte Erfahrung. Nur das weißt du ja nicht. Du denkst bei Dreimeterbrettern nur noch an Bauchplatscher und in Sachen Beziehung nur noch: »Mist, es gibt einfach keine normalen Typen mehr.« Aber tatsächlich entsprechen alle deine Beziehungserfahrungen nur dem Gesetz der Resonanz: Du ziehst an, woran du glaubst. Oft sind es einfach die falschen Typen, auf die du immer wieder anspringst. Oder eine Art, dich zu geben, wie du eigentlich gar nicht bist. Und schon hat dein Programm sich wieder selbst erfüllt.

Im Onlinekurs wollen wir dir ja die praktischen Tools geben, wie du die alten Programme endlich knacken kannst. Und ich kann dir aus eigener Erfahrung sagen: In all den Jahren, in denen ich ihnen mit meinen Meditationen auf den Leib rücke, hat sich so viel grundlegend geändert: Da sind viel mehr Liebe und tolle Menschen in meinem Leben. Aber ich musste es wirklich manchmal hardcore lernen, dass ich das Ganze eben nicht da draußen drehen kann. Erst innen, dann außen: Wenn du die Liebe wieder erleben willst, dann musst du dich zuallererst IN DIR wieder für die Liebe öffnen. Und dann ist die große Herausforderung im Alltag: Du musst wieder auf dieses Dreimeterbrett rauf und dich wieder einstellen auf was Neues. Das ist der schwierigste Punkt an der Sache: aus dem alten Kopfkino aussteigen und dir einen neuen Film schreiben.

Und genau deshalb bringt es nichts, dich auf dein Aussehen oder die Männer da draußen zu konzentrieren und bei ihnen das Problem zu suchen, sondern bei dir. Vielleicht bedeutet das, erst mal von einer unerfüllenden Beziehung loszulassen oder für eine Zeit auf Datingdiät zu gehen, auch wenn dir das schwerfällt. Ich kam mir da auch erst mal vor wie ein Junkie, der seine Droge nicht kriegt. Aber ich habe dabei so sehr gelernt, von Menschen und Beziehungen, die mir nicht guttun oder die nicht zu mir passen, wieder loszulassen und zu schauen, was ich wirklich brauche, wo ich stehe und wo ich an mir arbeiten muss.

Denn du kannst die anderen nicht verändern, du kannst nur dich und deine Entwicklung immer weiter vorantreiben. Und dann siehst du an den Beziehungen in deinem Leben, inwiefern deine Arbeit Früchte trägt. Aber bevor du dich jetzt andersherum stresst: Das heißt nicht, dass du in einer glücklichen Beziehung sein musst, sonst hast du versagt. Das heißt nur, dass du dann immer genauer weißt, was du willst, und immer leichter von Sachen, die dir nicht guttun, loslassen kannst. Das ist eher so wie ein neues Hobby, das ab jetzt einen festen Platz in deinem Leben hat und dir hilft, immer mehr so zu sein und zu leben, wie du wirklich bist. Und selbst das Ruder wieder in die Hand zu kriegen, dich Stück für Stück weg von toxischen Beziehungen und Krieg gegen dich selbst hin zu einer klaren Frau zu entwickeln, die weiß, was sie will.

UND JETZT?

- Mach immer mal wieder eine kleine Übung, die dir helfen kann, die Etage zu wechseln – vom Bewusstsein ins Unterbewusstsein. Wenn du dir bewusst sagst: »Ich kann mir einfach gar nicht mehr vorstellen, jemanden zu finden, mit dem es toll ist und der mich gerne hat«, dann dreh diesen Satz doch mal um. Frag dich: Was glaubt jemand innerlich, der das im Außen erlebt? Vielleicht: »Ich glaube nicht mehr daran, dass ICH liebenswert bin und MICH SELBST gern habe.«

- Fühl mal, wie es dir mit diesem Gedanken geht. Wie wenig liebst du dich nach all dem noch? Wie sehr zweifelst du an dir? Daran, dass du liebenswert, hübsch und attraktiv für jemanden bist? Dass eine schöne Beziehung überhaupt noch möglich ist?
- Sich auf so ein ehrliches Aufräumen mit dir selbst einzulassen, ist erst mal vielleicht alles andere als angenehm – aber soooo hilfreich. Wenn du wirklich fühlst, was du fühlst, dann musst du vielleicht merken, wie wertlos du dich fühlst, wie resigniert und hoffnungslos du eigentlich bist. Vielleicht wirst du ganz traurig. So ein Gefühl einfach mal zuzulassen, ist so heilsam. Und dann den großen Dreh zu wagen: nicht in dem Gefühl untergehen, sondern genau die Person zu sein, nach der du dich so sehr sehnst. Ein Mensch, bei dem du zeigen kannst, wie du wirklich fühlst, und der dann einfach lieb für dich da ist.
- Trau dich zu fühlen, was du fühlst, und dann einfach mal lieb zu dir selbst zu sein. Dazusitzen und das alles zuzulassen. Auch wenn du dann merkst: »Ich fühl mich klein und hässlich«, trotzdem wie eine gute Freundin zu sein, die dir sagt: »Ist okay, ich habe dich trotzdem lieb.« Nicht mehr verdrängen, nicht cool sein, nicht stylen und performen. Sondern du mit dir mal ganz allein und doch ganz lieb.
- Hör dir die Meditation »Ein Date mit dir selbst« an.

WESHALB COOLSEIN DICH ÜBERHAUPT NICHT WEITERBRINGT

Kennst du das? Du siehst einen attraktiven Typen, der so selbstbewusst wirkt, dass du dich sofort verunsichert fühlst. Und der so aussieht, als ob es ihm komplett egal wäre, jemanden wie dich kennenzulernen. Aber genau das zieht dich magisch an und du fängst wie ferngesteuert an, ein Spiel zu spielen: Du tust alles, um selbst möglichst cool und desinteressiert zu wirken und zu beweisen, dass du eben nicht unsicher bist, sondern die Kontrolle hast.

Eine Freundin von mir hatte letztens ein super Date – in ihrer ersten Erzählung klang es zumindest so. Der Mann sei zwar ein bisschen der Typ »unerreichbar«, aber irgendwie wahnsinnig anziehend. Wochenlang war sie wie auf Daueradrenalin, bis sie sich völlig aufgelöst bei mir meldete, weil er sich nach ein paar Dates auf einmal nicht mehr bei ihr gemeldet und ihr auch nicht mehr geantwortet hatte.

Wir redeten dann darüber, weil sie sich das Ganze einfach überhaupt nicht erklären konnte. Dann wurde ihr irgendwie klar, dass alles eigentlich von Anfang an nicht wirklich super war. Sie musste sich selbst eingestehen, dass sie ab der ersten Minute ziemlich unsicher und beim Daten ständig damit beschäftigt war, ob sie alles perfekt macht. Sie meinte: »Eigentlich war ich die ganze Zeit unter Druck und habe mich ständig gefragt, wie ich gerade aussehe, was ich gerade sage und wie ich möglichst lässig wirke. Ich bin bei ihm nie richtig heruntergekommen. Der ganze Mist hat mich irgendwann an früher beim Tennis erinnert, wenn ich immer gucken musste, wie ich den Ball richtig hinüberspiele.« Als sie das sagte, wurde sie ganz still und traurig. Sie konnte auf einmal so klar sehen, dass er für sie deshalb magnetisch anziehend war, weil er ihr superunnahbar erschien und sie ständig um ihn kämpfen musste.

Wenn du jemanden siehst, bei dem du das Gefühl hast, dass er für dich unerreichbar ist, und du ihn genau deshalb besonders anziehend findest, ist hier nur eins im Spiel: Angst. Dein Antrieb ist nicht ein Gefühl von Nähe oder gar Liebe, sondern in deinem Unterbewusstsein springt ein wahrscheinlich ziemlich alter Mechanismus an, dass du um Liebe kämpfen musst. Das alles läuft völlig automatisiert an deinem bewussten Fünf-Prozent-Ich vorbei. Du fühlst nicht mehr, sondern du versuchst es mit einer Strategie. Unbewusst glaubst du, dass du Liebe gar nicht verdient hast, dass du dich in deinem eigentlichen Wesen besser in Luft auflösen musst und nur noch dein Super-Kontroll-Ich die Sache hinkriegen kann.

Als ich sie fragte, was das für ein Gefühl sei, wenn einer so unnahbar ist und sie sich für ihn anstrengt, sagte sie: »Ängstliche Aufregung.« Auf meine Frage, ob sie das Gefühl denn kennen würde, schloss sie die Augen und nickte. Eine kleine Ewigkeit war sie still, dann liefen ihr die Tränen über die Wangen: »Ich habe immer gehofft, dass eines Tages die Tür aufgeht und meine Eltern wieder als Paar hereinkommen. Aber sie ging nie auf. Eines Tages hatte mein Vater eine neue Frau und einen neuen Sohn. Und von da an hatte ich immer so ein einsames, ängstliches und aufgeregtes Gefühl in mir, wenn ich meinen Vater sah. Immer diese Angst, dass er mich jetzt nicht mehr liebt. Ich war ja gerade erst neun. Ich hatte solche Angst, ihn zu verlieren. Ich habe einfach fast jeden Nachmittag auf dem Tennisplatz verbracht und mir vorgestellt, dass er zuguckt. Wenn ich richtig gut würde, dann würde er mich wieder liebhaben.«

Das ist ein ganz besonderer Moment, wenn du tatsächlich die Verbindung erkennen kannst zwischen einer alten, tief gehenden Erfahrung und dem, was dich heute unbewusst antreibt. Denn in diesem Moment geschieht Heilung. Etwas kommt aus dem Unterbewusstsein ins Bewusstsein und du verstehst es nicht allein mit dem Kopf, sondern auch emotional, was dich in so einer schmerzhaften Situation hat landen lassen. Du kannst jetzt die alten Gefühle annehmen, dieses einsame und hilflose Mädchen einmal innerlich in den Arm nehmen, Verständnis für sie haben, sie in deiner Vorstellung trösten – und dann heilt und verbindet sich etwas wieder in deinem Herzen. Du musst keine perfekte Rolle mehr spielen und wirst immer authentischer du selbst.

Für mich selbst ist es mittlerweile ein kleiner Test, Dates andersherum anzuschauen. Das heißt: mir anzugucken, was ich dabei erlebe, und mich zu fragen, wie weit ich schon einfach ich selbst sein und klar sein kann oder wie sehr die alten Ängste noch das Steuer in der Hand halten. Wenn ich anfange, strategisch zu werden, weiß ich, dass mich meine Unsicherheit wieder unter Kontrolle hat. Dabei geht's ja nicht darum, dass du nie mehr unsicher sein darfst, sondern einfach nur darum, dass du merkst, was gerade läuft, und daran langsam etwas ändern kannst.

Wenn du zum Beispiel merkst: »Oh, den finde ich toll und mein Herz flattert gerade.« Und dann sofort denkst: »Kann ich ihn anlächeln oder lieber nicht?« Dann kannst du deinem Kontroll-Ich im Kopf ganz bewusst eine Pause gönnen und weiter im Gefühl bleiben. Vielleicht spürst du dein Herz flattern und merkst, dass du einen Moment für dich brauchst. Vielleicht erlaubst du dir aber auch, deine Freude über diesen Menschen freizulassen und ihn einfach anzustrahlen. Dein Strahlen, deine Freude, dein Bauchkribbeln einfach zu genießen und mit anderen zu teilen. Das wäre tatsächlich deine wahre Natur. Dich zu kontrollieren und dich strategisch zu verhalten, ist so, als ob du deine Gefühle einsperrst, es bringt dich nur von dir weg. So kommt es möglicherweise zwar auch zum Gespräch mit dem Typen an der Bar, aber er lernt dich auf eine Art kennen, die überhaupt nichts mit dir zu tun hat.

Der kleine praktische Trick in so einer Situation ist: Wenn du spürst, dass du unsicher wirst, verschaff dir wieder Sicherheit, indem du für ein paar Sekunden Halt in deinem Körper suchst und mit deiner Aufmerksamkeit nach innen gehst. Das merkt kein Mensch, aber es gibt dir die Möglichkeit, wieder mehr bei dir zu sein und dich nicht so sehr im Außen zu verlieren. Wenn du dich wieder fühlst, weißt du besser, was in dir vorgeht und was zu tun ist. Dann kannst du das Steuer wieder in die Hand nehmen und nicht dein automatisiertes Kontroll-Ich.

Bei uns in der Familie haben wir deshalb das Ritual »Füße fühlen«. Wenn du also zum Beispiel auf dem Barhocker sitzt und merkst, es geht wieder in dir ab, dann gehst du mit deiner Aufmerksamkeit nach unten. Du musst dir in dem Augenblick den weitesten Weg vom Kopf weg suchen und der tiefste Punkt in deinem Körper sind deine Füße. Du brauchst da nicht hinzugucken, versuch dich einfach nur auf einen deiner Zehen oder deine Ferse zu konzentrieren und probier, deine Wahrnehmung dorthin zu bringen. Damit bringst du dich im wahrsten Sinne des Wortes runter. Und wenn die Aufregung dich wieder nach oben zieht, musst du es einfach ein paar Mal machen. Die Übung ist winzig, aber sie hilft mir in tausend Situationen. Kürzlich hatte ich eine wichtige Zoom-Konferenz, in der ich etwas verhandeln musste. Ich habe mir einfach einen kleinen spitzen Stein unter den Fuß gelegt und die ganze Zeit bewusst seinen Druck gefühlt. Mich konnte dadurch nichts wirklich aus der Fassung bringen.

Noch mal zurück zur Bar: Wenn du merkst, dass du unsicher bist, hilft es in dem konkreten Moment meist wenig, wenn du sofort mit deinen Freundinnen darüber redest. Denn oft gibt es dann gut gemeinte Ratschläge, die dich am Ende nur in den Kopf bringen. Wie zum Beispiel: »Bleib einfach cool… Du darfst nicht so erreichbar wirken… Du darfst es jetzt nicht zu doll wollen…« Aber wenn du gerade Single bist und diesen Mann toll findest, dann bist du eben verfügbar und gerade völlig aus dem Häuschen. Das ist auch völlig okay!

Du könntest deinen Freundinnen aber auch sagen, dass du gerade etwas Neues ausprobierst. Dass du klar mit deinen Gefühlen, und zwar auch mit deinen Ängsten, sein willst. Das ist dann kein gemeinsames Jammern und du machst dich auch nicht klein – du stellst einfach ehrlich in den Raum, wo du gerade stehst. Und vor allem: wo du hinwillst. Du gehst diesen neuen, aufregenden Weg nicht mehr alleine, sondern du zeigst dich damit, dass du dich für eine Entwicklung und neue, tolle

Möglichkeiten entschieden hast. Da steckt Mut und Power zugleich drin. Vielleicht kennst du das schon daher, wenn du anderen zum Beispiel sagst, dass du ab jetzt regelmäßig zum Joggen gehst oder dass du gerade auf deine Ernährung achten und ein paar Kilo abnehmen willst. Dieses Gefühl von: »Jetzt habe ich's angekündigt, jetzt geh ich auch da durch.«

Genauso kannst du das mit deinen alten Datingstrategien und deinen neuen Schritten hin zu mehr Authentizität und echter Begegnung machen. Bitte deine beste Freundin, dir manchmal ehrliches Feedback zu geben, wenn sie das Gefühl hat, dass du gerade nicht echt bist oder doch wieder über deine Gefühle hinweggehst. Daraus könnt ihr eine lockere Challenge machen, euch gegenseitig bei euren alten Spielchen ertappen und ein bisschen Spaß dabei haben.

UND JETZT?

- Bau eine Brücke in deine Vergangenheit und hilf deinem alten Ich, endlich loszulassen und von dir in den Arm genommen zu werden.
- Nutz die Momente, in denen du dich unsicher oder hilflos fühlst, dafür, deine Füße zu fühlen oder auf eine andere Art Halt in deinem Körper zu finden.
- Gib dir selbst ehrliches Feedback und bitte auch deinen engen Freundeskreis darum, dich nicht zu schonen, sondern ehrlich mit dir zu sein.
- Ertappe dich selbst dabei, wenn du wieder anfängst, Spiele zu spielen und dein Herz zu verleugnen. Trau dich wieder zu lieben und dich wieder für deine Herzensträume und deine Wohlfühlbeziehung zu öffnen.

ERST BIST DU LÄSSIG, DANN FÄHRST DU TAKTIK UND SCHLIESSLICH HAST DU PANIK

Kennst du das? Du hast etwas mit jemandem am Laufen und bist seitdem nur noch dauerangespannt: Du überlegst die ganze Zeit, was du schreibst oder was du postest… ob du dich zuerst melden sollst und wie lange du wartest, bis du ihm schreibst.

Eigentlich könntest du dich freuen, weil du jemanden kennengelernt hast. Aber nachdem du anfangs noch entspannt und spontan an die ganze Sache herangegangen bist, geht dann auch schon dein Stresspegel steil nach oben. Plötzlich hinterfragst du alles, was du machst. Du fragst dich ständig, wie es auf ihn wirken könnte. Kontrollierst all deine Nachrichten, Posts oder Stories. Du besprichst alles mit deinen Mädels, um zu checken, was cool oder lässig wäre.

Am schlimmsten ist es, wenn es um Kontakt mit ihm geht. Du fragst dich in Dauerschleife: »Melde ich mich, ist er dran oder sollte ich besser warten? Was schreibe ich ihm? Ist es zu viel? Fühlt er sich belagert? Und wie oft ist eigentlich normal?« Du hast etwas geschrieben, weil du so gerne wissen willst, wo er gerade emotional steht, und dann löschst du es wieder, weil er ja eigentlich dran wäre. Du hältst das Warten nicht aus und postest wenigstens etwas bei Instagram. Denn wenn er sieht, wie toll du gerade aussiehst, wird er ja sicherlich schreiben…

Egal, wie das im Detail bei dir läuft: Wenn du mit ein bisschen Abstand ehrlich hinguckst, wirst du sehen, dass du zum einen überhaupt nicht darauf vertraust, dass du genau so, wie du bist, wirklich liebenswert bist. Und zum anderen wirst du merken, dass du überhaupt nicht mehr auf dein eigenes Gefühl vertraust und gar nicht mehr spürst, was sich richtig anfühlt und was nicht. Dass du statt im Herzen nur noch im Kopf bist.

Diese Kennenlernphase ist ehrlich gesagt ein ziemlich hartes Trainingscamp für dein Selbstwertgefühl und dein Selbstvertrauen. Ich habe wieder und wieder damit herumprobiert, bei meinem Gefühl zu bleiben, nicht zum Kontrollfreak zu werden, sondern loszulassen und meine eigenen Gefühle mitzukriegen. Nach und nach habe ich für mich festgestellt, dass es unglaublich erleichternd ist, wenn man dem Ganzen erlaubt, sich so zu entwickeln, wie es kommt, und sich viel mehr um das eigene Leben zu kümmern, als sich vom Dauercheckermodus auffressen zu lassen.

Ich habe gemerkt, dass das »Wann« gar keine so große Rolle spielt. Das eigentlich Wichtige ist zu fühlen, was du gerade willst, wenn du dich fragst, ob du dich melden sollst oder nicht. Aus welcher Motivation heraus möchtest du das tun? Hast du Angst und willst einfach nur checken, wie und ob der andere reagiert? Ob er dich noch will? Ob er er dir etwas Nettes sagen kann, was dir ein gutes Gefühl gibt oder nicht?

Es geht nicht darum, eine clevere Verkaufsstrategie für dich selbst zu entwickeln, sondern darum, dass du dir mit jemandem näherkommen willst. Und das ist das Wichtigste: Wie fühlt sich der Kontakt mit diesem Menschen für dich an? Du tust dir hier den allergrößten Gefallen, wenn du nachspürst, wie es dir im Kontakt mit ihm innerlich geht, statt die ganze Zeit zu checken, wann du mit welcher Aktion am lässigsten rüberkommst.

Frag dich selbst: »Warum will ich mich gerade eigentlich melden? Vermisse ich ihn und fühlt es sich schön an, ihm das mitzuteilen?« Wenn das so ist, dann schreib ihm! Aber wenn du gerade Verlustängste hast, weil von ihm nichts kommt, und du dich dadurch gerade alleine und wertlos fühlst – dann lass es lieber.

Mittlerweile habe ich kapiert, dass das Entscheidende ist, ob mein Verlangen, mich bei jemandem zu melden, aus einer Bedürftigkeit heraus passiert oder ob da eine natürliche Freude dabei ist. Versuch dich immer mehr auf dich zu verlassen: Sitzt du gerade alleine zu Hause und hast irgendwelche Beklemmungen im Bauch und fragst dich, ob das wirklich etwas mit euch wird? Oder fragst du ihn, ob ihr euch sehen könnt, weil du Angst hast, dass sonst der Kontakt abbricht? Klammerst du und schreibst weiter, obwohl es gar nicht mehr stimmig ist, dass du dich meldest – zum Beispiel, weil er schon längst aus dieser Sache mit euch raus ist? Oder geht's dir gut, du machst gerade etwas Schönes und willst ihm einfach eine nette Nachricht schicken?

Wenn du merkst, dass dir alle 23 Sekunden danach ist, Kontakt mit ihm über WhatsApp zu haben, weil dein inneres Klammeräffchen sich alle 23 Sekunden ängstlich in deinem Bauch meldet, brauchst du ein Klammeräffchen-Entspannungsworkout. Leg dein Handy weg, setz dich hin, mach die Augen für einen kleinen Moment zu und atme durch. Einmal, zweimal, dreimal… so lange, bis du wieder mehr in dir angekommen bist. Im Idealfall machst du in so einer emotionalen Stressphase immer mal wieder eine klitzekleine Minimeditation, damit du langsam wieder bei dir selbst ankommst. Wir werden im Onlineprogramm extra kleine Notfallmeditationen aufnehmen, weil es im Zweifel tage- und wochenlang so gehen kann, bis du innerlich aus so einer ängstlichen Kontaktsucht wieder herauskommst.

So ein innerer Klärungsprozess mit regelmäßigen Meditationen klingt jetzt vielleicht noch ungewohnt für dich, aber das, was am Ende bei diesem Loslassprozess herauskommt, hat mir schon oft sehr geholfen. Durch Meditation habe ich es immer mehr geschafft, in gewisse Situationen Klarheit zu bringen. Und vor allem habe ich gelernt, aus mir heraus wieder für Entspannung, Vertrauen und ein gutes Gefühl zu sorgen. Das heißt, ich brauchte immer weniger die Sicherheit und das gute Gefühl von außen und war erst recht nicht mehr davon abhängig.

Seitdem ich in solchen Momenten viel mehr in mich hineinspüre und mit meinen Meditationen konstant drangeblieben bin, hat sich wirklich etwas in mir verändert. Ich habe mehr Mut, traue mich ohne tausend Hintergedanken zu schreiben: »Ich denk gerade so an dich!« Und das finde ich richtig angenehm. Und umgekehrt kann ich auch viel klarer zu meinen Gefühlen stehen, wenn er sich fünf Tage lang nicht gemeldet hat. Egal, ob das jetzt cool oder objektiv richtig ist – ich schreibe aus dem Bauch heraus, dass mich das nervt oder traurig macht oder dass ich darauf einfach keinen Bock habe. Das ist einfach befreiend.

Wichtig ist, einfach genau das zu sagen, was du wirklich in dem Moment fühlst und meinst. So zeigst du dich damit authentisch. Damit hast du den Vorteil, dass du Menschen anziehst, die sich dir gegenüber auch ehrlich und authentisch zeigen und keine blöden Spielchen spielen.

UND JETZT?

- Wenn du merkst, dass du unsicher wirst, klammerst oder verwirrt bist, weil du mit dem neuen Mann zu wenig Kontakt hast, mach eine kleine Notfallmedi aus dem Onlinekurs. Und das im Zweifel immer und immer wieder, bis du mehr Ruhe in dir spürst.
- Schau, dass du es dir auch schön machst, wenn ihr gerade nicht datet oder schreibt. Warte nicht darauf, dass er fragt, ob ihr euch seht, sondern plane tolle Sachen mit dir selbst, deinen Freunden oder mach's dir zu Hause gemütlich.
- Lern deine Gefühle genauer kennen, statt vor ihnen wegzurennen. Sie tun dir nichts, sie wollen befreit werden. Frag dich, ob du dieses Gefühl von Verlustangst schon von früher kennst. Sei ehrlich zu dir: Spürst du, dass es zwischen euch gar nicht wirklich passt? Oder meldet er sich schon zwischendurch, aber du bist zu ungeduldig? Auch dann hilft es, dich mit der Meditation aus der Ungeduld und den alten Ängsten langsam herauszuholen. Und wenn du feststellst, dass er sowieso nicht der Richtige ist oder sein Verhalten dir gar nicht guttut, dann lass ihn ziehen, ohne dich an ihm festzuklammern.

SEX? WILL DEIN HERZ WIRKLICH NUR RUMMACHEN?

Kennst du das? Du fühlst dich beim Sex wie im falschen Film? Du hast das Gefühl, dass es für viele Männer im Bett wie nach einem Drehbuch laufen muss?

Eine Bekannte von mir, die sich sehr nach einer Beziehung sehnt, geht ziemlich regelmäßig mit irgendwelchen Typen nach Hause und hat was mit ihnen. Wenn wir darüber reden, sagt sie immer ganz ehrlich, dass ihr eine halbe Nähe manchmal einfach lieber ist als keine Nähe. Ich finde es an der Stelle total wichtig zu sagen, dass überhaupt nichts Verwerfliches daran ist. Sie ist deswegen nicht »schlechter« als eine Frau, die auf Moralapostel macht, sich auf gar nichts einlässt und sich jegliche Wünsche verkneift. Manchmal sind wir Mädels auf der Suche, möchten einen Freund und nicht immer alleine nach Hause gehen. Irgendwie will man richtige Nähe und nimmt einfach erst mal das Nächstbeste.

Moral bringt an dieser Stelle überhaupt nichts, weil sie ein theoretisches Konstrukt ist. Du kannst nur selbst spüren, was dir wirklich guttut und was du brauchst. Und dazu musst du eben Erfahrungen machen und dich ausprobieren. Aber ich würde über das Wort »rummachen« nachdenken. Will dein Herz wirklich rummachen? Fühlst du dich erfüllt, nachdem du das gemacht hast?

Wenn ich so drüber nachdenke, warum ich etwas mit jemandem haben wollen würde, dann ist es immer, weil ich mir eigentlich emotionale Nähe wünsche. Ich möchte ihm in seinem Wesen und mit seinen Gefühlen nahe sein, auch wenn man erst mal sagt, es würde nur um etwas Körperliches gehen. Aber auch beim Körperlichen geht es ja trotzdem um Nähe.

Sex hat eine seltsame Geschichte. Ich glaube, dass er eigentlich etwas ganz besonders Kostbares ist. Er ist ein Ausdruck von herrlichen Gefühlen im Körper, aber dabei nicht einfach nur eine körperliche Sache. Gefühle entstehen im Herzen und beim Sex können wir sie im Körper spüren – vorausgesetzt unser Herz fühlt mit. Aber über Jahrhunderte hinweg ist Sex immer mehr zu einer Sache geworden, die manche auch ohne Herz einfach mit Action machen oder einfach haben wollen. Und dann kann er ganz leicht zur Sucht oder zum Frust werden. Es gibt so viele Menschen, die werden wie Junkies und brauchen immer mehr Sex, weil nichts mehr bei ihnen innerlich im Herzen ankommt.

In eurer Generation lernen viele Sex leider oft nur noch vom Bildschirm und aus der Pornowelt kennen, aber nicht aus echten Erfahrungen mit echten Menschen mit verletzlichen Herzen und empfindsamen Körpern. Die Jungs lernen oft schon früh, dass sie Sex anklicken und mal eben konsumieren können. Dass er guttut, wenn sie verspannt sind, sich nicht gut fühlen oder wenn sie Bestätigung brauchen. Viele wissen gar nicht, wie sie Sex aus ihrem Inneren heraus spüren können. Und ihr Mädels macht dann mit »rum«, fühlt euch manchmal seltsam leer trotz Sex und verliert langsam den Zugang zu eurem Herzen.

Ich kenne einige Mädels, die sind schon mit allen möglichen Typen ins Bett gegangen und sagen: »Ich will keine Beziehung. Mir macht Sex auch so Spaß. Ich brauche das einfach. Und schließlich kann ich doch machen, was ich will.« Klar kann jeder machen, was er will. Aber wenn ich ehrlich bin und meinem Gefühl folge, hat mich noch keine von ihnen überzeugt. Irgendwie wirkt das oft ganz abgeschnitten von irgendwelchen Gefühlen. Ich glaube, dass das Wichtigste beim Sex ist, ehrlich zu sich selbst zu sein. Wenn man mal rumprobieren will, weil man gerade in einer Findungsphase ist, in der man merkt: »Hm, das ist spannend… das törnt mich total an oder auch ab… danach fühle ich mich leer und verunsichert… da habe ich nur mitgemacht, weil ich eigentlich Nähe wollte…«

Dann ist das alles total okay, wenn es für dich wirklich stimmig ist. Und es ist auch okay, wenn du immer wieder etwas ausprobierst und dir dabei zugestehst, dass es bei diesen Begegnungen manchmal auch Unsicherheit, Angst oder Enttäuschung geben darf.

Wenn du eine Phase hinter dir hast, in der du mit jedem und allen ins Bett gestiegen bist, dann war's halt so. Auch das musst du nicht verurteilen. Wichtig ist, dass du aufpasst, wenn du dir im Kopf etwas zurechtzimmerst und dich von deinen Gefühlen abtrennst. Wenn du dir zum Beispiel sagst: »Na ja, ist doch nicht so schlimm. Irgendwie machen doch alle rum«, dann kann ich dir darauf nur antworten: Das mag sein, aber du bist nicht alle, sondern du – ein ganz einzigartiges Wesen. Und deshalb haben du, dein Herz und dein Körper auch ihren eigenen Weg.

Deshalb finde ich es so wichtig, sich einen Ausprobierweg zuzugestehen. Wir entwickeln uns durch alle möglichen Phasen. Und wir sind auch nicht jeden Tag gleich gut drauf. Es gibt Abende, da fühle ich mich so mies, da würde ich niemanden in meine Nähe lassen, nicht einmal jemanden, der mich auf die Wange küsst. Das liegt daran, dass ich gerade nicht mit mir selbst klarkomme. Aber das Ganze kann natürlich auch genau entgegengesetzt funktionieren: Wenn man sich richtig schlecht fühlt und sich dann jemanden sucht, einfach nur, um da wieder raus- und von sich wegzukommen. Dann funktioniert Flirten oder Sex wie Alkohol und Drogen: Man macht es, damit man ja nicht das leere Gefühl in sich fühlen muss.

Denk an die innere Festplatte mit all den alten Geschichten und all den kleinen und großen Löchern, die entstanden sind, als dem kuscheligen und Nähe suchenden Kind Liebe und Zuneigung gefehlt hat. Sex zu haben, wenn du dich schlecht fühlst, ist ganz oft der unbewusste Versuch, so ein Loch zu stopfen und sich ein bisschen Zärtlichkeit und Zuwendung zu holen. Aber die alten Löcher kannst du immer nur mit richtiger Liebe und nicht mit irgendwelchen oberflächlichen Versuchen heilen. Liebe für dich selbst ist, wenn du heute nicht mehr zulässt, dass jemand wieder ein neues Loch bei dir hinterlässt. Es bedeutet, dass du immer besser spürst, was du brauchst, und lernst, dafür zu sorgen, dass du es auch bekommst. Dazu brauchst du Mut und Klarheit, einen liebevollen Kontakt mit dir selbst und Updates auf deiner inneren Festplatte.

UND JETZT?

- Geh immer bewusster mit den Situationen um, in denen du dich leer oder alleine fühlst, und übe dich darin, diese Gefühle zu fühlen – auch wenn sie nicht angenehm sind. Das Spannende dabei ist, dass Gefühle sich verändern, wenn du sie nicht mehr wegschiebst oder betäubst. Wenn du dich selbst beobachtest, wirst du zum Beispiel bemerken, dass du dich erst mal mit Alkohol locker machen musst, wenn du zum Daten ausgehst. Oder dass du anfängst, eher ein sexy Spiel zu spielen, als dass du wirklich loslassen kannst. Dann trau dich im nächsten Schritt, deine Unsicherheit oder dein Bedürfnis nach Bestätigung mitzukriegen. Und schließlich: Sag oder mach etwas, was echt und mit dir auch innerlich im Einklang ist.
- Mach dir Gedanken, was genau es braucht, um dich glücklich zu machen, und sorg dafür, dass du dir dieses Gefühl selbst in dein Leben holen kannst. Erlaub dir Tagträume, so oft du nur kannst. Stell dir alles genau so vor, wie du es dir wünschst. Aber mach es nicht an einem konkreten Menschen fest, weil du dich so nur wieder abhängig von dem machst, was ein anderer tut oder eben nicht tut. Viel wichtiger ist es, dass du dir Dinge vorstellst, die dir Freude machen. Stell dir zum Beispiel vor, wie du dich leicht fühlst, wie du voller Vertrauen Spaß mit jemandem hast, wie du dich mit jeder Zelle zu ihm hingezogen fühlst und gleichzeitig mit jemandem lachen kannst.

VIELLEICHT IST DEINE COOLNESS NUR ANGST VOR NÄHE

Kennst du das? Du stehst nur auf Typen, die dich nicht wollen? Bei den meisten anderen fühlst du nichts? Wenn jemand deine Nähe sucht, dann engt dich das eher ein?

Ich habe eine Freundin, bei der man nicht sagen könnte, dass in Sachen Beziehung bei ihr nichts läuft. Sie hat immer mal wieder einen neuen Freund, der sie richtig toll findet, bei dem sie aber bald schon das Gefühl hat, er klammert, obwohl wir alle finden, dass er einfach nur süß zu ihr ist. Nach kurzer Zeit fühlt sie sich immer stärker eingeengt und schließlich muss sie wieder raus aus der Beziehung, weil sie es überhaupt nicht mehr aushält. Kaum ist sie wieder Single, fängt sie schon bald wieder etwas mit jemandem an. Diesmal nur so, dass sie sich jemanden aussucht, der eher auf Distanz geht. Keiner von beiden lässt den anderen richtig an sich ran und das Ganze hat, von außen betrachtet, für uns Freundinnen wenig mit Nähe zu tun hat. Irgendwann ist sie von dieser anderen Art von Beziehung, in der sie nun eher mit dem anderen um Nähe ringt, als dass sie sich von ihm eingeengt fühlt, völlig ausgelaugt. Und dann dauert es eine Weile und sie hat wieder jemanden, der zu nett zu ihr ist.

Wenn du jemand bist, der sich in der Geschichte wiederfindet und sagt: »Oh ja, ich bin auch nicht der Typ, der in so einer

Klammerbeziehung sein möchte. Ich brauche die Herausforderung. Ich kann einfach nicht ständig aufeinanderhängen, ich brauche meine Freiheit.« Oder was auch immer man sich da alles so erzählt, wenn man sich in so einer Schleife hin und her bewegt. Der große Schritt, der dir dabei helfen kann, hier rauszufinden, ist, dir einzugestehen, dass du Angst hast. Wenn du dich traust, genau hinzuschauen, gibt es bei dir die ganze Zeit einen Kampf zwischen Kopf und Herz. Und wenn dein Herz schon einmal verletzt wurde, ist in einer neuen Beziehung meistens zunächst zur Sicherheit dein Kopf am Werk und dein Herz weggesperrt.

Falls du dir jetzt sagst: »Nein, nein. Ich bin nicht verletzt, ich will meine Freiheit«, dann kann ich dir darauf nur antworten: Niemand ist ohne Verletzungen oder Herzensbrüche durchs Leben gekommen. Aber wie du schon weißt, ist es oft so, dass der alte Schmerz, der immer noch in unserem Unterbewusstsein sitzt, für unser Bewusstsein gar nicht mehr fühlbar wird. Weil wir immer für ausreichend sichere Distanz zu echter Nähe sorgen und uns gar nicht erst richtig einlassen, damit es eben auch nicht wehtun kann. Sobald dir einer zu nahe kommen könnte, hält dein Super-Kontroll-Nie-mehr-Schmerz-Ich ihn auch schon wieder fern.

Erinnere dich an die 95/5-Regel: Du weißt vom allermeisten, was in dir läuft, überhaupt nichts. Das Nähe-Distanz-Spiel läuft völlig unbewusst ab. Du, mit deinen bewussten fünf Prozent, sagst dir: »Ich brauche einfach nur meine Freiheit!« und weißt dabei gar nicht, dass du eigentlich die ganze Zeit alles tust, um Schmerz zu vermeiden. Du hast einen unsichtbaren Zaun um dich herum, den du irgendwann gesetzt hast, damit es ja nie wieder wehtut. Wenn du mit jemandem in Resonanz gehst, der genauso einen Zaun um sich herum hat wie du, kannst du in sicherer Entfernung vor seinem Zaun stehen und dir sagen: »Wenn ich ihn kriegen würde, dann wäre alles gut.« Aber du kriegst ihn natürlich nicht, denn er hat ebenfalls Bindungsangst. Oder andersrum: Einer kommt auf dich zu und du spürst, wie er deinem Zaun zu nahe kommt, und du denkst: »Oh ne, das ist mir alles viel zu viel.« Und rationalisierst ihn schnell weg und sagst dir: »Ne, der ist langweilig… mir zu lieb… mir zu schwach… ich brauche viel mehr Herausforderung.« Aber eins tust du nicht: Du lässt dich nicht auf einen Menschen ein.

Das soll nicht heißen, dass es nicht auch Menschen gibt, die einfach nicht dein Fall sind. Aber das ist etwas anderes als so eine ungesunde Resonanz mit einem ewigen Hin und Her. Wenn du ab jetzt immer öfter ehrlich und achtsam mit deinen Gefühlen bist, wirst du immer klarer merken, wann du wieder in deinem Film bist und wann ein Mensch einfach nichts mit dir macht. Wenn dir die Geschichte meiner Freundin in ihrer Dynamik bekannt vorkommt, dann trau dich, dich zu fragen: »Was wäre, wenn ich wirklich annehmen könnte, dass jemand sich so richtig süß um mich kümmert? Was für ein Gefühl macht das bei mir unterschwellig, wenn jemand einfach nur Ja zu mir sagt?« Vielleicht kannst du dir (noch) gar nicht vorstellen, wie es ist, wenn etwas einfach nur schön und leicht ist.

Vielleicht ist es für dich schon normal, und das kriege ich oft in meinem Bekanntenkreis mit, wenn Typen betont unfreundlich sind, um möglichst lässig oder unerreichbar und damit für bindungsscheue Frauen attraktiv zu wirken. Aber das ist eben eher ein Zeichen von Angst als von Coolness. Ist es da nicht viel schöner, wenn dir jemand zeigen kann, dass er dich gut findet, und sich auch dementsprechend verhält?

Natürlich ist nett nicht gleich nett. Mein bester Freund sagt immer: »Nett ist auch ein voller Kühlschrank.« Selbstverständlich gibt es Menschen, die keinerlei Profil zeigen und sich aus Unsicherheit überall anpassen. Aber deswegen ist nicht jeder, der nett ist, schwach. Spür nach, wie es sich in dir anfühlt, wenn jemand zu dir bei einem Date sagt, dass du hübsch aussiehst oder dass er etwas an dir sehr gerne mag. Das kann doch etwas total Schönes sein, ohne dass er direkt ein Schleimer sein muss. Oder einer, der dich nur abschleppen will. Er kann ja einfach jemand sein, der offen zu seinen Gefühlen steht. Und wenn er dir sagen kann, was er an dir mag, und das auch zeigt, ist das für mich eine totale Stärke.

UND JETZT?

- Überleg mal, wie Nähe in deiner Familie praktiziert wird oder ob sie überhaupt je praktiziert wurde. Frag dich, was du dort über den Umgang mit Gefühlen lernen konntest. Ich, Eva, hatte zum Beispiel einen Vater, der mich mit 17, als ich auf meine allererste große Reise ging, am Flughafen nur mit einem Händeschütteln verabschiedet hat. Das war das Maximum an Nähe, die er herstellen konnte. Es gibt andere Familien, in denen macht man sich über Gefühle lustig. Wenn jemand sagt, er ist aufgeregt, unsicher oder verliebt, wird das gleich mit einem abfälligen Spruch kommentiert.
- Guck dir an, wann Gefühle in deiner Familie runtergeregelt wurden. Oder wie hoch Gefühle überhaupt hoch-

pegeln durften – wie bei der Musik. Wie hoch oder tief durften Gefühle bei euch ausschlagen? Wer in deiner Herkunftsfamilie konnte sie überhaupt spontan äußern und wie sehr durftest du sie zeigen?
- Wie alt könntest du gewesen sein, als du dein Herz ganz weit offen hattest und jemand dir gegenüber diese Gefühle überhaupt nicht erwidern konnte und dich damit verletzt hat? Wann könnte das das erste Mal gewesen sein? Dann erlaub dir, dein Herz für dich zu öffnen und wieder Ja zu deinem so natürlichen Bedürfnis nach echter Nähe zu sagen. Vielleicht denkst du dir gerade: »Das kann ich nicht. Wie soll das denn gehen?« Wir werden dir im Onlinekurs in einer Meditation Schritt für Schritt helfen, alte Wunden zu heilen.
- Manchmal ist es auch andersherum: Gab es in deiner Familie jemanden, der mit seinen emotionalen Bedürfnissen und Ausschlägen so stark war, dass du dich nur noch verschließen oder innerlich erstarren konntest? Das alles kann dazu führen, dass du heute unbewusst Angst davor hast, dass dich jemand wieder mit seinen Gefühlen übermannt. Deshalb suchst du ständig nach Abstand.

DU KANNST DEN MANN NICHT ÄNDERN, NUR DICH SELBST

Kennst du das? Du lebst beim aktuellen Mann nur vom Potenzial? Eigentlich läuft alles gar nicht so, wie du es dir vorstellst, immer wieder fehlt dir was. Eigentlich kommst du nie richtig an ihn heran. Bei deinen Freundinnen entschuldigst du ihn, sagst ihnen, dass er grundsätzlich doch eigentlich super Eigenschaften hat. Und dir selbst redest du ein, wie schön es eigentlich sein könnte.

In einer Phase, in der ich nach einer längeren Pause wieder mit dem Daten begonnen hatte, habe ich relativ schnell auch jemanden kennengelernt. Rein äußerlich war alles fine, er hat vieles davon erfüllt, das ich an einem Mann toll finde. Mir erschien es, als sei er so jemand, mit dem ich mir eine Beziehung richtig schön hätte vorstellen können: Er hatte ähnliche Interessen und Werte wie ich. Einen Job, den ich spannend fand, und auch sonst vom Leben hatte er die gleichen Vorstellungen wie ich. Zwischendurch habe ich zwar immer wieder gemerkt, dass irgendetwas fehlt, aber ich dachte jedes Mal: »Na ja, aber da passt doch so viel, ich schaue einfach, wie es weiterläuft.«

Mal habe ich mir gesagt, dass ich doch glücklich sein soll, dass er mich gut findet. Und mal habe ich versucht, mich selbst davon zu überzeugen, dass ich mich darüber freuen kann, dass endlich wieder jemand da ist. Wenn ein komisches Gefühl hochkam, habe ich es einfach weggeschoben und mir alles wieder schöngeredet. Einer Freundin habe ich zum Beispiel so von unserem Date erzählt: »Es war alles super, wir haben etwas unternommen, das ich schon immer mal machen wollte. Ab und zu hatten wir uns nur nicht so viel zu erzählen und irgendwie konnte ich nicht wirklich etwas aus ihm herauskriegen. Aber ist ja auch okay, vielleicht kann er sich nicht so leicht öffnen und braucht einfach seine Zeit.«

Das mit dem Potenzial kann eine Frau für Ewigkeiten festhalten. Ich erlebe das im Coaching immer wieder mit Frauen, die schon seit Jahren, manchmal sogar seit Jahrzehnten in Beziehungen sind und sich wieder und wieder einreden: »Aber eines Tages, da könnte es doch so werden, wie ich es mir immer gewünscht habe... Vielleicht ändert sich ja noch mal etwas... Vielleicht schafft er es ja, diese tolle Sache doch noch mal zu tun oder diese nervige Sache endlich zu lassen...«
Nur: Das wird nie passieren, wenn auf eurer inneren Festplatte alle Programme genauso bleiben wie bisher. Änderungen kommen nur auf eine Art in deine Beziehung: nur durch Updates auf deiner oder seiner Festplatte. Nur wenn ihr wirklich bereit dafür seid, in eurem Inneren etwas zu verändern, euch euren Geschichten und Ängsten zu stellen, kann sich eine Beziehung verwandeln. Das passiert niemals, weil du hoffst und wartest oder weil er etwas verspricht. Bleiben die Programme, wie sie sind, dann bleibt alles auf dem Bildschirm, wie es ist. Geht ihr eure Ängste nicht an, werden sie weiterhin unbewusst euer Leben und eure Beziehungen bestimmen.

Ich habe für mich gelernt, dass es nur einen Menschen gibt, der wirklich etwas an einer Beziehung, die sich eingeschlafen, festgefahren oder ungesund anfühlt, ändern kann. Das bin ich selbst. Vergiss nicht: Gleiches zieht Gleiches an. Wenn du dich veränderst und lernst, endlich gut für dich zu sorgen, dann gibt es für deinen Partner nur zwei Möglichkeiten: Entweder ändert auch er sich und lernt, wirklich gut für sich zu sorgen und aus ein paar alten Ängsten oder Abwehrmechanismen herauszuwachsen, oder ihr passt nicht mehr zusammen und du folgst deinem Herzen und lässt erst mal von ihm los.

Loslassen kann bei einem anderen viel mehr in Bewegung setzen, als wenn du ständig um eine Veränderung kämpfst. Wenn du endlich den Mut findest, ehrlich zu deinen Bedürfnissen zu stehen und von jemandem loszulassen, der sich nicht bewegt, hat das oft einen verblüffenden Effekt, mit dem du vor lauter alter Angst überhaupt nicht gerechnet hast: Er ist nun völlig mit sich selbst konfrontiert. Und das zwingt ihn, sich entweder endlich zu bewegen, weil da ein Vakuum entstanden ist. Oder aber noch mehr zu verdrängen, sich abzulenken und wieder vor der Herausforderung wegzulaufen. Aber das liegt alles nicht in deiner Macht. Hier kannst du nur schauen, was passiert. Wenn er sich nicht bewegt, ist er nicht der, der weiterhin zu dir passt. Dann musst du Raum lassen, dass das Gesetz der Resonanz dich auf neue Wege und mit neuen Menschen in Kontakt bringt.

Ewig darauf zu hoffen, dass jemand sein Potenzial eines Tages endlich lebt, ist Zeitverschwendung. Du solltest dich fragen, ob du in so einer Geschichte, die immer nur von der Hoffnung lebt, jemals dein eigenes Potenzial wirklich entfalten sowie dein eigenes Wesen und deine Gefühle wirklich leben kannst.

Oder ob du aus Angst, keinen Partner mehr zu finden, an etwas festhältst, das gar keine wirkliche Kraft hat.

Nach meiner längeren Beziehung hatte ich immer mal wieder Männer kennengelernt, aber irgendwie hat es nie richtig gepasst. Deshalb dachte ich wohl: »Okay, das muss jetzt etwas werden. Hier ist wenigstens ein Mann mit Potenzial, das wird schon irgendwie.« Mein unterschwelliger Glaubenssatz dabei lautete: »Es ist ja gar nicht so leicht, jemanden zu finden, der gut zu mir passt und mit dem ich mir noch mal eine Beziehung vorstellen kann.« Mittlerweile weißt du, was solche Glaubenssätze für eine Wirkung haben. Sie halten jeden Mann, der wirklich zu dir passt, fern. Ich habe viele Freundinnen, die sich so sehr eine richtige Partnerschaft wünschen, aber eigentlich gar nicht mehr daran glauben, dass es sie geben könnte. Und die deshalb lieber viel zu lange mit jemandem halbherzig vom Potenzial leben und in ihn alles Mögliche reininterpretieren, ohne dass ihr Herz wirklich dabei hüpft.

So war auch ich damals nicht ehrlich zu mir, was den Mann anging, von dem mein Kopf sagte: »Das könnte schon irgendwie gehen. Denn ich bin jemand, der mit Plaudern nicht viel anfangen kann.« Ich rede total gern und tausche mich mit Leuten aus, und das vor allem über Dinge, die mich wirklich bewegen. Und mag es auch, wenn jemand aus sich herauskommen kann. Ständiger Small Talk strengt mich eher an. Ich habe zwar gemerkt, dass mich das stört, dass er oft nur so über irgendwas redet, wenn überhaupt, aber ich habe es immer wieder ausgeblendet, weil ich wollte, dass das irgendwie klappt. Ich wollte einfach, dass es endlich mal funktioniert und passt. Und so habe ich theoretisch ganz viel Potenzial in dem Mann gesehen, was aber nichts mit unserem wirklichen

Zusammensein zu tun hatte, sondern viel mehr mit meiner Sehnsucht.

UND JETZT?

- Frag dich, ob dein Partner oder der, den du gerade datest, wirklich bereit ist, sich mit sich zu konfrontieren und auch eine Entwicklung mit sich zu machen.
- Denk darüber nach oder besser spür innerlich nach, was du dir von einem Mann wirklich wünschst. Wie soll er sein? Mach dir dazu Notizen und geh auch deine Erfahrungen mit Dates durch, die du bereits hattest.
- Im zweiten Schritt kannst du dir überlegen, wie eine Beziehung aussehen sollte, die du gerne führen würdest. Was ist dir wichtig? Wie soll sich dein Partner verhalten?
- Natürlich können wir uns keinen Mann im Kopf zurechtstricken und es wird nicht alles genau so eintreffen können. Aber wenn du ein klares Bild von ihm vor Augen hast, weißt du auch, wann du umsonst festhältst und deshalb nicht wirklich frei für einen Mann bist, der wirklich gut zu dir passt.
- Und schließlich lass los von dem, mit dem es nicht weitergeht. Dann wird das Leben seine Arbeit tun: Wenn er zu dir gehört, wird er sich bewegen. Wenn nicht, ist er nicht dein Herzensmann.

Endlich bist du in einer Beziehung ... aber warum ist nicht alles gut?

WENN ER DICH NICHT WILL, DANN HAT DAS NICHTS MIT DIR ZU TUN

Deine Beziehung tut dir nicht gut und du hoffst immer wieder, dass sich etwas bei ihm ändert. Du redest, schreist, bettelst und passt dich an, aber nichts verändert sich. Dabei müsstest du aufhören, auf seine Veränderung zu warten, und dich einfach um dich kümmern und loslassen.

Es hat einige frustrierende Erfahrungen, eine Menge von Abhängigkeits- und Ohnmachtsgefühlen und einige Gespräche mit meiner Mutter gebraucht, bis ich für mich wirklich verstanden und verinnerlicht hatte: So vieles von anderen hat überhaupt nichts mit mir zu tun. Es ist verrückt, sich immer wieder schlecht zu fühlen, weil ein anderer dieses oder jenes macht oder nicht macht. Es ist seine Geschichte, sein Programm und sein Muster. Das festgefahrene Verhalten eines Mannes, den du datest oder mit dem du zusammen bist, hat, wenn er sich nicht wirklich öffnen, einlassen oder bewegen will oder kann, gar nicht so viel mit dir zu tun. Du solltest es deshalb auch gar nicht so sehr auf dich beziehen.

Das ist so wichtig, weil viele in diesem Kontext das Gesetz der Resonanz in seinem Aspekt »Gleiches zieht Gleiches« missverstehen. Wir sind nicht einfach gleich, wenn wir miteinander in Resonanz gehen, uns lieben oder uns aneinander festbeißen.

Oft ist eine der wichtigsten Übungen, dass wir als Erwachsene lernen, dass das Verhalten der anderen einfach das Verhalten der anderen ist. Als wir noch kleine Kinder waren, hat dieses Verhalten unser Leben und unsere Gefühle komplett bestimmt, aber jetzt als Erwachsene sollten wir lernen, bei uns zu bleiben und uns gesund abzugrenzen. Mit dem neuen Blick kannst du das Verhalten des Mannes, mit dem du in einer Beziehung bist und das dir nicht guttut, neu betrachten. Es spiegelt dir einfach nur, wie weit du schon gut auf dich aufpassen kannst oder dich immer noch in den Begrenzungen des anderen schwächst. Und es hat insofern etwas mit dir zu tun, wie du damit umgehst und ob du dich davon abhängig machst oder nicht.

Ganz oft ist es bei uns Frauen so, dass wir uns ab dem Moment, in dem wir in einer Beziehung sind, immer weniger um unsere eigenen Bedürfnisse kümmern und immer mehr mit dem anderen verwickelt sind. Wir sind dann nicht bei uns und dem, was wir wollen oder was wir, wenn wir ehrlich zu uns wären, eigentlich keinen Tag länger aushalten könnten. Statt klar zu werden, strengen wir uns total an, unseren Partner irgendwie zu dem Mann hinzubiegen, den wir uns eigentlich wünschen. Und merken derweil überhaupt nicht, dass unsere Schmerzgrenze schon längst erreicht ist und es jetzt darum geht, loszulassen und unsere Ängste zu überwinden. Stattdessen werden wir immer frustrierter und reden uns ein, dass wir den anderen ja so sehr lieben und nicht verlieren wollen. Und ganz oft kapieren wir nicht, dass das alles gar keine Liebe ist, sondern eine gewisse Abhängigkeit.

Ich war mal in einer Beziehung genau in dieser Falle und wurde immer verrückter und unglücklicher, weil sich einfach zu wenig mit ihm wirklich nach vorne bewegte. Es war eine Phase, in der ich mir äußerlich nicht mehr zu helfen wusste und mich irgendwann dazu entschloss, mein Meditationspensum deutlich zu erhöhen, um in mir für eine wirkliche Veränderung zu sorgen. Ich wollte da raus. Ich wollte mich weiterentwickeln. Und ich wusste, dazu muss ich jetzt da drinnen was in Bewegung bringen. So machte ich an einem Tag eine Selflove-Meditation, um wieder mehr in meine Liebe zu mir und zurück in mein Selbstwertgefühl zu finden. Am anderen Tag dann eine Selfcare-Meditation, die mir dabei half, wieder viel klarere Grenzen zu setzen. Diese Grenzen brauchte ich so dringend, um mich selbst überhaupt wieder zu fühlen und Raum für mich zu kriegen.

Erst mal passierte nichts. Ich hatte eher das Gefühl, dass mich die Meditationen nur noch krasser spüren ließen, wie verrückt das alles war, was ich da tat. Ich wurde sogar manchmal ganz traurig, weil ich merkte, wie sehr ich mich eben oft nicht selbst liebte und mich nicht annähernd genug wertschätzte. Aber dann langsam wurde ich ruhiger. Etwas in mir fing an, sich zu entspannen.

Und dann stritten wir doch wieder aus heiterem Himmel. Normalerweise hätte ich ihn angebrüllt und mit ihm rumdiskutiert, bis er gefälligst etwas einsieht. Aber diesmal war es auf einmal anders: Ich merkte, wie er dichtmachte und dass ich jetzt gerade nicht an ihn rankommen würde. Aber jetzt hatte ich irgendwie ein Stück Abstand und dachte nur: Nein, dieser ganze Streit macht mich nur fertig und jetzt höre ich einfach auf damit.« Ich schaute ihn an und sagte: »Lass uns aufhören, das macht immer so viel kaputt.« Ich wurde ruhiger und ging ohne großes Drama vor die Tür, um eine Runde spazieren zu gehen.

Als ich wiederkam, war auch er ruhiger. Wir schlichen vorsichtig umeinander rum und irgendwie kam dadurch Ruhe herein. Von nun an machte ich das öfter. Ich übte einfach, mich nicht mehr so tief in einem Streit festzubeißen und viel früher loszulassen – ohne dass alles immer im Sinne von, wer nun recht hatte oder nicht, endgültig geklärt war. Ich übte, einfach loszulassen. Und zum ersten Mal konnte ich wirklich ganz bewusst fühlen, wie sehr alles in meinem Leben von meiner inneren Haltung abhing. Das war ein Riesen-Aha-Erlebnis für mich in meiner persönlichen Entwicklung.

Ein paar Jahre später hatte ich nochmals so eine extreme Erfahrung, in der ich erlebte, wie sehr meine innere Welt tatsächlich meine äußere bestimmt. Ich war gerade auf dem besten Weg, mich wieder in einer Männergeschichte zu verlieren. Ich datete jemanden, der oft supersüß etwas sagte, das er aber am Ende nicht einhielt. Er hatte mich für den Samstagabend eingeladen und wollte mich ausführen. Den ganzen Tag hatte ich mich krass gefreut, bis er mir dann eine halbe Stunde vor unserem Date eine knappe WhatsApp schickte, dass er leider nicht könne, weil irgendetwas mit seiner Familie sei.

Ich war kurz im Schock und kurz davor, jetzt einfach in den »Jetzt-erst-recht-Feiermodus« abzukippen und mit allen anderen auszugehen und mich so richtig abzuschießen. Aber dann dachte ich: »Nein, auf gar keinen Fall. Jetzt klärst du etwas mit dir, Annalena.« Das fühlte sich augenblicklich so richtig an. Es war so ein richtiges Hochgefühl, dass ich mich für mich entschieden hatte.

Aber am nächsten Morgen, sonntags um fünf Uhr, konnte ich überhaupt nicht mehr schlafen. In mir war Angst – Angst, ihn zu verlieren. Ich dachte: »Nein, nicht wieder die alte Leier. Gestern Abend mit mir war toll. Und das hier jetzt ist alt. Und ich werde mit diesem alten Mist nicht diesen neuen Tag beginnen.« Ich setzte mich auf meine Bettkante und begann um fünf Uhr morgens mit meiner Meditation. Ich nahm mir vor, jetzt so lange innerlich in einem Gefühl der Liebe zu bleiben, bis ich mich freier, sicher und richtig wohl mit mir fühlen würde. Vorher wollte ich von meiner Bettkante nicht aufstehen.

Nach einer gefühlten Ewigkeit und einigen Meditationen machte ich meine Augen auf und sah, dass es schon halb acht war, und hatte ein Gefühl von unglaublicher Power in mir – noch mehr als am Abend zuvor. Ich fühlte mich so lebendig und so richtig in meiner Kraft. Ich zog mich an und ging zu meinem geliebten Cycling. Zu unglaublicher Musik powerte ich mich schwitzend aus, in dem Gefühl, etwas wortwörtlich wegzustrampeln. Ich saß auf meinem Rad und in meinem Kopf wurde alles klar. Auf einmal wusste ich genau, dass es nur einen Grund gab, warum ich so lange mit jemandem rumtat, mit dem ich noch gar nicht verheiratet, noch nicht mal richtig zusammen war … Weil ich Angst davor hatte, dieses winzige bisschen Nähe, was wir hatten, aufzugeben und dann womöglich gar keine Nähe mehr zu haben. Ich war wieder richtig in meiner uralten Gefühlswelt gelandet. Aber die würde ich jetzt nicht länger in mir und in meinem Leben zulassen.

Als ich da rauskam, habe ich mich wie die absolute Heldin gefühlt und wusste: Jetzt kann ich von der ganzen Geschichte loslassen – egal, was er macht. Ich würde jetzt das tun, was ich schon die ganze Zeit hätte tun sollen: wieder auf mich selbst und meine Gefühle zu vertrauen, mich mehr wertzuschätzen.

In mir war Raum für etwas Neues, das von da an in mein Leben kommen konnte.

Wenn du spürst, jetzt ist Schluss damit, heißt das nicht, dass du dich trennen musst. Sondern jetzt machst du bei etwas nicht mehr mit, was dir nicht guttut. Und du hältst das Risiko aus, nicht zu wissen, was danach kommt. Erst mal schaffst du nur Raum für etwas Neues. Das fühlt sich manchmal eher wie eine Leere an – und das ist kein angenehmes, kuscheliges oder vertrautes Gefühl. So ein Raum entsteht, wenn du aufhörst zu streiten, zu quengeln, zu klammern und zu jammern. Stattdessen bleibst du bei dir und sorgst für deine innere Updatearbeit und machst nichts mehr für oder gegen ihn. Lass ihn einfach erst mal. Du musst weder den Kontakt beenden noch dich trennen. Sondern dich einfach nur um dein Leben kümmern, anstatt ständig an der Partnerschaft herumzudoktern.

Dazu kann ich etwas aus meiner Ehe beitragen. Ich bin jetzt über 25 Jahre verheiratet und rückblickend kann ich sagen, dass sich mein Mann kein einziges Mal verändert hat, als ich ihn verändern wollte. Kein einziges Mal hat er etwas geändert, als ich mich darin komplett verschraubt und verdreht habe und dachte, damit würde sich etwas ändern. Veränderung ist immer nur dann geschehen, wenn ich's endlich geschafft habe, etwas zu tun, was mir total wichtig ist, und etwas zu lassen, was mir wehtut. Es gab immer wieder Dinge in unsere Ehe, die mir wehgetan, mich genervt oder gelangweilt haben. Ich glaube, das kennst du auch: Da ist nur so ein leises Gefühl, das dir sagt: »Oh Gott, wie langweilig, die ganze Zeit hängt er nur vor dem Laptop oder mit seinen Freunden rum.«

Oder du hast dagesessen, warst irgendwie sauer oder genervt und hast gedacht: »Wenn er damit nicht aufhört, werde ich verrückt.«

Bei uns gab es immer erst dann eine Änderung, wenn ich mich nicht mehr aufgeregt, sondern losgelassen und mir gesagt habe: »Das interessiert mich nun mal nicht und deshalb mache ich dabei jetzt einfach nicht mehr mit. Auf diese Art von Partys gehe ich nicht mehr und diese Filme gucke ich mir nicht mehr länger an …« Und dann bin ich da rausgegangen.

Was dann oft kommt, ist eine Phase von Stress mit dem Partner, durch die du einfach klar durchgehen musst. Und danach kommt so eine Leere mit dir selbst. Oft weißt du gar nicht, was mit dir ist, was du willst und wer du bist. Bis dahin ist dein Partner wie ein Projekt gewesen, aber jetzt musst du dich selbst zu deinem wichtigsten Projekt machen und dir eingestehen, dass es ein paar grundlegende Veränderungen in deinem eigenen Leben braucht. Zum Beispiel, weil du dich einerseits so viel zurückgenommen hast, dass du wie ein Rennpferd in der Box stehst und schon halb krank wirst, weil du so lange nicht mehr deiner Natur entsprechend einfach losgerannt bist. Vielleicht musst du dich jetzt überhaupt erst mal als Frau kennenlernen. Als die Frau, die da in dir steckt und die du so lange zurückgenommen hast.

Du spürst, dass es an der Zeit ist, die Komfortzone zu verlassen. Da steht schon eine ganze Zeit etwas an – in deinem Herzen und deiner Seele. Aber statt auf all die leisen Signale in deinem Bauch zu hören, bist du immer wieder herumgeeiert und hast dir gesagt: »Das schaffe ich nicht alleine. Das kann ich einfach nicht. Ich brauche ihn.« Aber die Wahrheit ist: Wonach du dich wirklich sehnst, das kannst du auch. Klar kommen da Unsicherheit und Angst auf, weil du denkst, dass du ihn verlierst, wenn du deinem Herzen treu wirst. Aber da musst du durch und du wirst sehen, du wirst viel freier und viel attraktiver. Du siehst ihn mit neuen Augen. Und eins weiß ich aus meiner Ehe und unzähligen anderen Ehen: Ganz oft sieht auch er dich mit neuen Augen, weil du nämlich eine Neue bist, und das ist anziehend.

Aber geh dir an diesem Punkt bloß nicht selbst in die Falle. Mach deine Schritte jetzt bloß nicht, weil du hoffst, dass du ihm damit besser gefällst. Dann bist du schon wieder von dir weg. Das hier ist keine Strategie, die du fahren kannst, um attraktiver zu werden. Tu deine Schritte, aber warte nicht drauf, was das mit deiner Partnerschaft macht, wenn du an dir arbeitest und dich auf dich konzentrierst. Es geht darum, wirklich wieder mehr und mehr zu fühlen, was dein Herz sich wünscht und was dir Power und ein gutes Gefühl gibt. Dich zum Beispiel zu fragen: »Will ich noch einen Master machen? Will ich eigentlich einen anderen Job? Will ich einfach mal nur allein sein? Will ich meditieren? Will ich meine Wohnung umräumen oder irgendwelche anderen Sachen endlich machen, die ich mir schon länger vorgenommen habe?«

Geh deine Dinge an und brems dich nicht durch die alte Angst, die sich fragt, ob das dann überhaupt noch passt mit der Partnerschaft. Ob dein Partner da mitzieht, wenn du deinen Weg gehst. Es kann gut sein, dass du eine viel attraktivere Ausstrahlung kriegst, wenn du dich um deine Belange kümmerst. Vielleicht merkst du dann aber auch, dass er für dich gar nicht mehr so attraktiv ist und, wenn du ehrlich bist, so gar nicht mehr in dein Leben passt. Das ist immer das Risiko bei der Sache. Aber eines, das dich immer zu einer echten Chance auf dein eigenes Glück führt.

UND JETZT?

- Wenn du das Gefühl hast, dass du dich in deiner Partnerschaft ständig nur verbiegst oder an deinem Freund zerrst, dann fang an, regelmäßig Selflove- und Selfcare-Medis zu machen, bis du immer bewusster Grenzen setzen kannst.
- Nimm dir Raum für dich selbst und frag dich, was du so nicht mehr willst und was du dir stattdessen wünschst, aber noch nie gewagt hast, in die Tat umzusetzen.
- Mach dazu die »Was will ich wirklich«-Meditation im Onlinekurs.
- Schreib deine Träume auf. Notier alles, egal, wie klein oder unwichtig es dir vielleicht in dem Moment scheint. Trau dich, richtig groß zu träumen.
- Frag dich: Was musst du in deinem Leben angehen, erschaffen, ändern oder wo musst du umdenken, um in deine Kraft zu kommen und dein Leben bestmöglich zu gestalten?
- Mach dir klar, dass du möglicherweise am Anfang in ein Loch fällst, wenn du vom »Projekt Mann« loslässt und dich nach langer Zeit wieder selbst in den Fokus rückst. Sicher ist aber: Du selbst bist das spannendste Projekt in deinem Leben – und alles andere wird folgen.

WARUM EIFERSUCHT ÜBERHAUPT NICHT DAS IST, WAS DU DENKST

Kennst du das? Es zerfrisst dich vor Eifersucht. Du hast Angst, dass er dich betrügen könnte. Oder du ahnst, dass er fremdgeht. Du traust ihm nicht von hier bis um die Ecke und hast immer so ein leichtes Bauchstechen, dass das, was er sagt, so gar nicht stimmt.

Eifersucht steht auf meiner Hitliste der unangenehmen, quälerischen Gefühle ganz oben. Ich habe das so oft gefühlt und erlebt – und so musste ich mich auf meinem Weg zwangsläufig intensiv damit beschäftigen.

Eine kleine Ermutigung gleich am Anfang von mir: Oft fühlen wir uns so falsch, weil wir immer wieder mit Angst, Wut, Eifersucht, Neid oder Kleinheitsgefühlen zu tun haben. Wenn ich heute zurückblicke, dann sehe ich all diese Gefühle, die ich genauso kenne wie du, als eine Art emotionales Ausbildungscamp. All die vielen Dinge, die in mir und in meinem Leben nicht so gelaufen sind, wie ich mir das gewünscht hätte. Dieses immer wiederkehrende Gefühl, gerade nicht cool, nicht lässig, nicht souverän, sondern ohnmächtig oder verzweifelt zu sein – heute kann ich sehen, dass diese Gefühle mich herausgefordert haben, mich besser kennenzulernen und mich weiterzuentwickeln. Heute sage ich oft, dass ich nur deshalb so ein erfolgreicher und guter Paarcoach bin, weil ich so eine schwierige Ehe hatte. Ich kenne alle Herausforderungen und weiß daher, wie hilflos ausgesetzt man sich ihnen fühlt und wie man sie dennoch meistern kann. Du würdest nie wirklich lieben lernen, wenn du nicht erst mal gelernt hättest, wie schrecklich es sich ohne Liebe anfühlt – mit all der Eifersucht, der Angst und den Minderwertigkeitsgefühlen. Immer wenn du so ein Gefühl meisterst, verwandelt es sich in Liebe und hat dich wieder ein Stück emotional wachsen lassen. Also dräng all diese Gefühle nicht länger weg, tu nicht so, als ob du cool bist, sondern nimm dich in den Arm, mach deine Meditationen und sag dir: »Okay, da gehe ich jetzt durch!«

Nach meinem eigenen ausgiebigen emotionalen »Training« habe ich heute eine neue Sicht darauf. Ich habe in meinen Beziehungen oft mit Eifersucht gekämpft. Ich brauchte sehr viel Übung und Auseinandersetzung mit mir selbst, um meiner Eifersucht offen gegenüberzutreten und zu verstehen, dass sie nur indirekt etwas mit meinem Partner zu tun hatte, sondern vor allem mit meinem Eisbergrumpf. Es ist ehrlich gesagt ein ziemlich herausfordernder Kampf mit sich selbst, die Eifersucht oder ein anderes, ähnlich unangenehmes Gefühl wirklich anzunehmen, ohne sich zu verurteilen. Sondern sich stattdessen mehr und mehr all der Unsicherheit und Angst vor dem Alleinsein, die darin steckt, zuzuwenden. Bis ich das immer besser hingekriegt habe, hat es aber seine Zeit gedauert.

Ich würde dir diesen Teufelskreis aus Unsicherheit und Klammern gerne ersparen. Wenn du wieder Angst kriegst, weil dein Partner nicht richtig greifbar ist oder sich distanziert, und du dann anfängst, dich an ihn zu klammern, und ihn damit nur noch weiter von dir wegtreibst. Oder wenn du kein Feedback bekommst, weil er mit seinen Jungs unterwegs ist und nicht ins Handy guckt, und du dir dann panisch sonst was ausmalst.

Der erste Schritt aus dem Teufelskreis: Lass ihn los und fühl, denn er ist nur der Auslöser. Das heißt nicht, dass er alles richtig macht und du das Problem an der ganzen Sache bist. Wenn du selbst unsicher mit deinen Gefühlen bist, dann ist ja klar, dass du im Sinne des Gesetzes, dass Gleiches Gleiches anzieht, mit jemandem in Resonanz gehst, der selbst unsicher mit seinen Gefühlen ist. Jemand, der seine Unsicherheit vielleicht nur hinter seiner supercoolen und unnahbaren Art versteckt, um ja nicht verletzt zu werden.

Deshalb heißt es eben nicht, dass deine Verunsicherung unbegründet ist, denn es gibt wirklich viele Männer, die sich nicht verbindlich einlassen können und immer flüchten, wenn es eng wird. Und es gibt einige, die ihre Gefühle weder fühlen noch zeigen können. Bei denen wirst du dich zwangsläufig irgendwann verunsichert fühlen.

Unsicherheit ist ein natürliches Gefühl. Das hat jeder mal. Genauso wie jeder mal Angst hat, von einem anderen verletzt zu werden, oder das Gefühl hat, nicht genug zu sein. Das eigentliche Problem entsteht erst, wenn solche Gefühle nicht sein dürfen, wenn wir sie verdrängen oder versuchen, sie zu kontrollieren. Wenn wir sie verdrängen, wirken sie wie eine Mauer um unser Herz und hindern uns an echter Nähe. Und wenn wir versuchen, sie zu kontrollieren, quälen sie uns und verwandeln sich mit der Zeit in eine Art Krankheit, wie es Eifersucht ist. Von deiner Eifersucht wirst du nur so lange gequält, wie du nicht bereit bist, deine Angst zu fühlen und mit ihr umzugehen.

Mir hat es so geholfen, als ich mich endlich getraut habe, mir einzugestehen, dass ich nicht cool, sondern ganz leicht zu verunsichern bin. Ich musste deshalb lernen, gut auf mich aufzupassen. Aber mich nicht einfach hinter einer Schutzmauer zu verbarrikadieren, sondern zu lernen, mein Bauchgefühl ernst zu nehmen, wenn es Alarm schlägt und sagt: »Irgendwas stimmt hier nicht!« Oder: »Das ist doch gar keine Liebe!« Und wenn du dann nämlich unsicher wirst, dann ist das nichts Falsches, sondern deine Intuition. Und die weiß oft so viel mehr als dein Verstand.

Meine Intuition hat mir oft ziemlich früh ziemlich klar gesagt: »Achtung, hier läuft was falsch! Er sagt gerade nicht die Wahrheit! Das fühlt sich gar nicht gut an!« Wenn ich das dann ausgedrückt habe, musste ich mir oft anhören: »Was redest du denn?! Das ist doch Quatsch! Bist du belastend, es ist doch gar nichts.« Aber da war etwas. Und deshalb vertraue ich heute so stark auf mein Bauchgefühl. Heute weiß ich, dass es mir hilft, gut für mich zu sorgen. Mein und dein Bauchgefühl sind Navigations- und Warnsysteme, die uns zeigen, wenn etwas nicht richtig für uns ist. Und unser Job ist es, auf den Bauch zu hören und nach ihm zu handeln. Das heißt nicht, dass wir nie mehr unsicher werden, sondern nur, dass wir viel unmittelbarer damit umgehen können.

Dieses quälende Gefühl und diese Abgetrenntheit in der Eifersucht erlebst du immer erst dann, wenn du deine Verunsicherung und deine Angst wegdrückst. Dann quält sie dich von innen. Wenn du zeigen darfst, dass dir in deiner Beziehung etwas fehlt oder dass du Angst hast, nicht auszureichen oder deinen Freund zu verlieren, ist das etwas anderes als

Eifesucht. Dann bist du einfach nur ein normaler, verletzlicher Mensch.

Wenn du eifersüchtig bist, dann fühlt es sich so ähnlich an, wie wenn du fürchtest oder bereits ahnst, dass dein Partner dir fremdgeht. Da ist diese Angst, dass die Liebe nicht sicher ist, dass du sie jederzeit verlieren kannst. Was du dabei vielleicht überhaupt nicht siehst: Der andere, der vielleicht so unnahbar oder unerreichbar wirkt, der mit seinen Bedürfnissen vielleicht sogar wirklich heimlich zu einer anderen geht, statt sie dir zu zeigen, ist auch unsicher und lässt sich aus seiner Angst heraus nicht richtig ein. Auch er gesteht sich seine Bedürfnisse nicht ein, sondern lebt sie heimlich und unverbindlich mit jemand anderem – aber nur deshalb, weil er auch fürchtet, dass er die Liebe verlieren könnte.

Wenn du in deiner Beziehung eifersüchtig bist und die ganze Zeit um Liebe und Zuwendung kämpfst, dann kannst du dir sicher sein, dass dein Partner auch eifersüchtig ist. Und wenn du betrogen wirst, dann kannst du dir sicher sein, dass dein Partner sich nicht traut, wirklich zu seinen Gefühlen zu stehen. Und dass seine Geliebte genauso viel Angst hat, ihn zu verlieren, wie du.

Ob bei Eifersucht oder beim Fremdgehen – es braucht deinen Mut, nicht mehr länger darum zu kämpfen, dass der andere sich endlich klar zu dir bekennt. Stattdessen solltest du endlich selbst zu dir und deinen Gefühlen stehen, klar deine Bedürfnisse zeigen, auf deinen Bauch hören und wirklich loslassen, wenn der andere sich nicht öffnet.

Ich habe durch meine Eifersucht gelernt, viel mehr mit meinen Gefühlen in Kontakt zu kommen – auch wenn sie furchtbar unangenehm waren. Mir immer wieder die Fragen zu stellen: »Was fühle ich gerade? Bin ich gerade eifersüchtig? Hat das etwas mit der aktuellen Situation zu tun oder ist da alte Angst im Spiel? Meldet sich gerade mein Bauchalarm, weil sich etwas einfach ganz falsch anfühlt? Oder geht in mir gerade ein alter Film los, den ich schon von früher oder aus meiner Kindheit kenne?«

Ich konnte durch die Gespräche mit meiner Mutter nämlich erkennen, dass meine Eifersucht schon aus einer ganz frühen Zeit kommt. Und dass vieles von ihr im Ursprung gar nicht so richtig zu mir gehörte. Du erinnerst dich vielleicht, wie sehr wir vom ersten Moment an alles mitfühlen, was um uns herum geschieht, und dann irgendwann ganz selbstverständlich glauben, dass alles Mögliche, was uns nicht guttut, völlig normal ist, auch wenn es das nicht ist. Und dass wir alle möglichen Gefühle ganz natürlich für unsere eigenen halten, auch wenn sie eigentlich im Kern gar nicht unsere eigene Erfahrung sind. Viele unserer Prägungen kommen aus unseren Familien und werden sozusagen übertragen.

Als meine Mutter mit mir schwanger war, hatte sie öfter totale Verlustangst, weil mein Vater immer wieder weg und nicht erreichbar für sie war. Er war in der Zeit total auf seinen Job und seine Freunde fixiert und damals einfach noch gar nicht richtig in unserer Familie gelandet. Aus diesem Konflikt zwischen meinen Eltern und der Verlustangst meiner Mutter haben sich meine 95 Prozent gemerkt: »Menschen, die dir nahestehen, gehen immer von dir weg und wollen dich nicht. Die musst du festhalten.« All diese Ängste, Stimmungen und Gefühle, die meine Mutter damals gefühlt hat, haben sich auf meiner Festplatte als meine eigenen Ängste abgespeichert.

Eifersucht ist sicherlich eins der Gefühle, für das wir uns am extremsten verurteilen. Wir schämen uns meistens, wenn wir eifersüchtig sind, und wollen, dass das bloß keiner merkt. Und manchmal hassen wir uns richtig dafür. Vielleicht kann bei dir die Sache oben mit dem emotionalen Fitnesstraining schon für ein bisschen Entspannung sorgen. Was dir auch dabei helfen kann, dich nicht mehr so fertigzumachen, ist, wenn du noch mehr über frühe Entwicklungspsychologie verstehst. Vielleicht hast du Geschwister, die du liebst. Aber kannst du dich noch hineinversetzen, was für eine extreme Erfahrung es für dich als kleines Kind womöglich gewesen sein muss, wenn zum Beispiel ein Geschwisterchen nach dir geboren wurde? Was glaubst du, wie viel Verlustangst im Eisbergrumpf entsteht, wenn ein anderes Wesen auf einmal all die Liebe und Aufmerksamkeit der Eltern bekommt? Kannst du dir vorstellen, wie alleingelassen und verraten du dir manchmal vorgekommen bist, weil du ja noch ganz unbewusst warst und nicht verstehen konntest, warum da jetzt ein anderer Mensch so wichtig war? Oder wenn deine Eltern sich getrennt haben und einer von beiden sich neu verliebt, womöglich noch eine neue Familie gegründet hat – was glaubst du, was da alles für Ängste in dir auftauchen könnten? Aus so einer frühen Erfahrung kann unbewusst wahnsinnige Unsicherheit und Eifersucht entstehen.

Vielleicht denkst du jetzt: »Quatsch! Als ob ich eifersüchtig auf meinen Bruder oder meine Schwester oder auch auf meinen Vater oder meine Mutter gewesen wäre!« Das alles muss dir ja überhaupt nicht bewusst sein, aber es kann trotzdem so unfassbar stark in deinem Unterbewusstsein wirken, dass du ständig latent Angst hast, zurückgesetzt oder verlassen zu werden oder nicht wirklich liebenswert zu sein.

Deswegen nimm dich bitte in den Arm, wenn du eifersüchtig bist! Vielleicht hast du sogar ein paar Erinnerungen an Erfahrungen, von denen du sagst: »Das hat mich so verletzt und seitdem traue ich niemandem mehr so richtig.« Aber vielleicht hast du keine Ahnung, woher sie kommt, und leidest einfach unter diesem quälerischen Zustand. Umarme dich und tu dir einen Gefallen: Trau dich, die Eifersucht zu fühlen, und zwar so richtig. Oft taucht dann das eigentliche Gefühl auf, um das es wirklich geht – ganz viel Wertlosigkeit und eine Riesenangst vor dem Alleinsein. Es zu fühlen, bringt dich auf den Weg zur Heilung. Wenn du alte Gefühle so verarbeitest, wirst du jedes Mal ein Stückchen freier.

Es gab eine Zeit, als es wirklich hart war mit meiner Eifersucht. Damals habe ich angefangen, mit meiner Mutter darüber zu reden, und wir haben immer wieder geschaut, woher sie kommen könnte. Es war extrem hilfreich für mich zu wissen, dass wir als Kinder so häufig die Gefühle unserer Eltern mit uns herumschleppen. Seitdem weiß ich, dass die Gefühle, die unseren Eltern zu wehgetan haben und denen sie sich nicht stellen konnten, sich quasi auf uns übertragen.

Einmal, als wir zum Beispiel über eine sehr schwirige Phase in der Ehe meiner Eltern geredet haben, habe ich zum ersten Mal fühlen können, wie sehr ich als kleines Mädchen mitgelitten habe. Und mir wurde klar, dass ich mir damals so doll gewünscht habe, dass es bei ihnen wieder gut wird, dass ich lieber alles zu mir nehmen wollte. Es war echt verrückt – als ich verstanden habe, dass wir für unsere Eltern Schmerzen und Sorgen tragen, weil wir hoffen, dass so alles wieder gut wird, hat sich für mich viel geklärt.

Meine Mutter hat mir damals erklärt, dass das sogar etwas ist, was über Generationen hinweg funktioniert. So schlagen wir uns teilweise mit Ängsten herum, die über Generationen schon lange in unseren Familien gewirkt haben. Mit all dem, was ich jetzt weiß, verurteile ich mich oder andere nicht mehr so sehr. Mittlerweile denke ich selbst ganz praktisch und kann dir auch nur ans Herz legen: Wenn du eifersüchtig bist, musst du dich rausnehmen, dich alleine hinsetzen und nachspüren. Im Zweifelsfall kommt die ganze Unsicherheit gar nicht aus der aktuellen Geschichte, in der du gerade bist. Vielleicht kommt sie aus einem Alter, in dem du winzig klein warst, vielleicht aus deiner Familie. Und vergiss nicht: Der andere hat ja auch seine Geschichte. Vielleicht macht der, der dich so verunsichert, gerade gar nichts Schlimmes, sondern triggert mit seiner versteckten Unsicherheit eine tiefe Dauerangst in dir.

Es war damals eine schmerzliche und anstrengende Zeit, die mich aber am Ende richtig weit nach vorne gebracht hat, weil ich meine Gefühle angeschaut habe und endlich verstanden habe, woher sie kommen. Ich habe die ganze Geschichte damals immer mehr vom Unterbewusstsein ins Bewusstsein gebracht und gemerkt: Ich bin kein kleines Kind mehr, das abhängig ist von der Liebe seiner Eltern. Ich muss auch nicht die Ängste und die Schwächen von anderen tragen. Ich bin heute erwachsen und kann jetzt für mich selbst sorgen.

Und ich kann meinem Bauchgefühl folgen. Ich kann jetzt sagen: Das fühle ich und dem vertraue ich. So eine Phase der Abhängigkeit oder Ohnmacht in Beziehungen wie damals würde mir jetzt einfach nicht mehr passieren. Ich würde weder so klammern, noch würde ich meine Intuition so lange ignorieren. Heute weiß ich: Für so viele Dinge gibt es keine objektive

Wahrheit, besonders nicht für Herzenssachen. Wenn sich heute mein innerer Alarm einstellt, folge ich immer öfter meiner inneren Wahrheit und finde dann langsam wieder Sicherheit.

UND JETZT?

- Wenn du eifersüchtig bist, ist ganz wichtig: Verurteile dich nicht dafür. Hab dich jetzt ganz besonders lieb.
- Trau dich, die Eifersucht zu fühlen, auch wenn sie sich erst mal fürchterlich anfühlt. Frag dich, in welchem Alter du gewesen sein könntest, als du sie zum ersten Mal hattest. Das Alter, das dir jetzt einfällt, ist bestimmt richtig, auch wenn es für deinen Verstand vielleicht keinen Sinn macht. Versetz dich in die Welt des kleinen Mädchens, das du damals warst, und umarme es in deiner Vorstellung.
- Vielleicht kannst du ja auch mal mit deinen Eltern darüber reden, was in dieser Zeit bei euch los war und was vielleicht in ihnen vorging. Du musst nicht entschuldigen, was war. Aber du kannst trotzdem deinen Frieden finden, wenn du dir klarmachst, dass deine Eltern damals bestimmt ihr Bestes gegeben haben, auch wenn es für dich nicht gut war.
- Mach jedes Mal, wenn du bei deiner Eifersucht oder Verlustangst am Haken hängst, die Meditation im Onlinekurs, von der du intuitiv fühlst, dass sie dir und dem kleinen Mädchen gerade guttun könnte.
- Und zum Schluss: Wenn dein Bauchgefühl dir sagt, dass etwas nicht stimmt, lass dir nicht von deinem Kopf einreden, dass da nichts ist, und geh dann damit offen um!

WARUM DU ALS BEZIEHUNGS-JUNKIE NIE EINE ECHTE BEZIEHUNG KRIEGST

Kennst du das? Du bist eigentlich immer irgendwie in einer Beziehung. Kaum ist eine zu Ende, bist du auch schon bald in der nächsten. Sobald einmal Schluss ist, hast du direkt wieder jemand Neuen, mit dem du schreibst oder dich triffst.

Ich habe ein paar Freundinnen, die sind einfach immer in einer Beziehung. Am Anfang habe ich das total bewundert. Maximal zwei Wochen nach einer Trennung schreiben sie schon wieder mit jemand Neuem. Mittlerweile weiß ich: Bei ihnen läuft es nicht einfach nur gut, sondern sie können einfach nicht allein sein. Sie brauchen immer jemanden, um ja nicht mit sich selbst konfrontiert zu sein.

Wenn du das bisher auch so gemacht hast, frag dich ehrlich: Bist du wirklich glücklich mit dem »Beziehungshopping«? Woran scheitern deine Beziehungen immer wieder? Was wäre, wenn du mal ohne jemanden wärst? Einfach nur du mit dir selbst. Wenn du gerade eine Geschichte beendet hast, nimm dir die Zeit zu reflektieren, was da eigentlich gelaufen ist und was dazu geführt hat, dass es nicht weiterging. Und wie sehr sich bestimmte Dinge jedes Mal wiederholen.

Wenn du das nicht machst und dir keine Zeit nimmst, um dich zu klären, dann weißt du ja mittlerweile, dass du nicht erwarten kannst, dass es beim nächsten Mal so wahnsinnig anders wird. Denn Gleiches zieht Gleiches an. Wenn du was Neues willst, dann musst du was Altes aufräumen.

Meine Mutter hat mal zu mir gesagt: »Warum sollte jemand anderes es schön finden, mit dir zusammen zu sein, wenn du es selbst keine Minute mit dir alleine aushältst?« Ich weiß heute, wie auslaugend das ist, wenn man immer jemanden braucht. Wenn du mit dir alleine nichts anfangen kannst, hast du irgendwann auch nicht mehr wirklich viel Eigenes zu geben und lebst immer ein bisschen in der Welt von jemand anderem.

Wenn du so von einer Beziehung in die andere hüpfst, dann hat es einfach etwas von einer Sucht. Du konsumierst andere, weil du Angst vor einer Begegnung mit dir hast. Du darfst dir hier nichts vormachen: Es ist nicht, dass du sagst: »Super, ich kann einfach alle haben!« Wenn du einen Moment ganz ehrlich und still mit dir bist, dann weißt du, dass sich alles ständig irgendwie wiederholt und keine Beziehung wirklich hält.

Klar, es ist immer wieder ein bisschen anders, weil es ja immer ein neuer Mensch ist. Aber tendenziell ist es so, als ob die Platte einen Sprung hat und immer wieder von vorne anfängt. Deshalb ist es superwichtig, dass du mal auf Beziehungsdiät gehst. Mit dem Dauernd-in-Beziehung-Sein ist es so ein bisschen, wie wenn du zum Beispiel jeden Tag Süßigkeiten isst oder jeden Abend Alkohol trinkst. Irgendwann kannst du nicht mehr anders, bis du es schaffst, mal Stopp zu sagen und das Loch auszuhalten, das da in dir entsteht. Sag dir: »Ich trau mich. Ich fühle das Loch in mir. Ich brauche eine Pause, eine Zeit ganz für mich allein.«

Um ehrlich zu dir zu sein: Die Pause wird sich garantiert erst mal nicht schön für dich anfühlen. Du hast vielleicht schon so lange Dates, Beziehungen und Männer quasi konsumiert und hast so lange damit schon Flucht vor dir selbst praktiziert, dass dir eine Veränderung erst mal Angst macht. Aber wenn du das wagst und durchhältst, wartet eine echte und wunderbare Erfahrung auf dich. In dir wartet dein Herz darauf, dass du endlich mit dir selbst in Kontakt kommst und entdeckst, wer du bist und was du wirklich brauchst. Wenn also jetzt gerade wieder etwas zu Ende geht, dann sag dir unter allen Umständen: »Jetzt bin erst mal ich dran. Und momentan gibt es nur eine einzige Beziehung, und das ist die von mir mit mir.« Vielleicht willst du jetzt gerade von alldem nichts hören und sagst: »Wieso, es war doch immer okay?! Am Ende war's halt nicht gut und deshalb habe ich mich oder er sich eben getrennt und jetzt habe ich zum Glück schon wieder was Neues gefunden.« Damit bleibst du nur an der Oberfläche kleben. Wenn etwas immer wieder und wieder passiert, dann hast du eine superwichtige Sache überhaupt noch nicht gelernt. In Beziehungen geht es darum, dass du jemandem wirklich nahekommst und etwas mit ihm durchstehst.

Mich nervt das mittlerweile, dass alle bei der kleinsten Kleinigkeit aussteigen. Ich glaube, dass du mit jemandem auch mal durch etwas durchgehen musst, bei dem du zuerst gedacht hast: »Das geht nie, das halte ich nicht aus, es tut mir zu weh oder da fehlt mir etwas.« Wenn du dich an der Seite von jemandem durch solche Phasen gewuselt hast, merkst du auf einmal: »Wow, was wir zusammen geschafft haben. Und irgendwie sind wir uns jetzt sogar näher als vorher.« Ich glaube, dann entsteht so etwas wie Vertrauen und ein echtes Gefühl von Miteinandersein. Und dann kannst du dich endlich auch mit jemandem entspannen.

Aber wenn du immer gleich abhaust, wenn es schwierig wird, oder du dir immer gleich jemand anderen suchst, wenn du verlassen wurdest, dann bist du nicht die Coolness in Person. Dann bist du eigentlich jemand, der Nähe vermeidet. Da braucht es superviel Ehrlichkeit, dass alles eben nicht einfach lässig bei dir läuft, sondern dass du gar nicht weißt, wie du mit jemandem wirklich in Beziehung kommst.

UND JETZT?

- Finde heraus, was dich ausmacht und was du wirklich in einer Beziehung brauchst. Lebst du das in deiner aktuellen Beziehung? Lebst du das überhaupt schon für dich alleine?
- Gibt es Themen, die du mit deinem Partner vermeidest? Spielst du manchmal eine Rolle, damit es keinen Stress gibt? Schaust du oft lieber gar nicht hin und denkst: »Hauptsache, es läuft!«?
- Traust du dich, mal ehrlich zu fühlen, ob es wirklich gut ist?
- Nimm dir vor einer neuen Beziehung erst mal Zeit für dich. Übe es, mit dir zu sein und dich viel besser kennenzulernen. Was machst du mit deiner Zeit, wenn du nur für dich bist? Gibt es überhaupt etwas, was dir Freude macht, wenn du alleine bist? Findest du das Leben mit dir wirklich spannend oder brauchst du jemand anderen, der es interessant macht?

Manchmal ist Trennung die beste Form der Selbstliebe

WARUM DU MANCHMAL EINFACH LOSLASSEN MUSST

Kennst du das? Du weißt, du müsstest dich trennen. Du weißt, du müsstest es tun, weil das nämlich gar keine richtige Beziehung ist. Und wenn du ehrlich bist, weißt du, dass es mit diesem Typen auch nie eine werden wird. Weil es zwar manchmal zufällig ganz toll mit ihm ist, er sich aber nie auf irgendetwas Verbindliches festnageln lässt. Weil er sich nur meldet, wenn er gerade Lust darauf hat. Wie immer wird er sich garantiert aber immer dann melden, wenn du es endlich schaffst, von ihm loszulassen und langsam die Hoffnung aufzugeben. Und du kannst dich selbst langsam nicht mehr ernst nehmen, weil du immer wieder wie eine Idiotin am Handy klebst, hoffst und schließlich leidest, weil nichts Verbindliches kommt.

Du redest dir schon eine ganze Weile ein, dass sich mit jemandem gerade etwas entwickelt. Manchmal trefft ihr euch und es ist schön oder du stellst dir nach einem Treffen zumindest vor, dass es mit ihm schön werden könnte. Aber du weißt ganz genau: Wehe, wenn du ihn fragst, wann ihr etwas zusammen unternehmen wollt – etwas, das wirklich mit Verbindlichkeit zu tun hat. Denn dann ist er raus und du bekommst nie irgendeine konkrete Aussage.

Bei einer meiner Freundinnen geht das schon eine gefühlte Ewigkeit so: Die beiden vereinbaren irgendwelche Termine, aber sobald es konkret wird, meldet er sich nicht mehr.

Eine andere chattet mit einem Typen, was das Zeug hält, aber wenn es darauf hinauslaufen könnte, über etwas Tiefgründigeres oder über die beiden zu reden, macht er sofort dicht. Die Dritte hat seit Monaten etwas mit jemandem, der sich aber nie von selbst auf sie zubewegt und mit dem es auch keinerlei Entwicklung in irgendeine Richtung gibt. An irgendeinem Punkt wird ihm immer alles zu viel oder zu eng.

Du kennst sicher auch Dutzende von solchen Geschichten oder hast sie selbst schon erlebt: Beziehungen mit Typen, die sich nicht einlassen. Mit einer Beziehung hat all das gar nichts gemeinsam. Mittlerweile weißt du schon, dass das nicht einfach nur etwas mit den immer falschen, bindungsgestörten Typen zu tun hat und einfach Zufall ist, sondern dass du Teil des Ganzen bist. Wenn du mit jemandem zusammenbleibst, der sich nicht auf dich einlassen und klar zu dir stehen kann, dann deshalb, weil du nicht klar zu deinem Herzen stehst.

Hast du schon darüber nachgedacht, dass es eigentlich total verrückt ist, wie viele Frauen aus unserer Generation alles Mögliche im Job oder sonstwo für sich selbst total klarkriegen und auch selbst entscheiden, aber dann, wenn es um ein Date geht, da trauen wir uns nichts mehr? Auf einmal hältst du alles aus, wagst nicht zu sagen, wie bescheuert und albern du dieses Rumeiern von ihm findest. Du traust dich nicht, dich klar auszudrücken, was du dir wünschst und was du brauchst. Und manchmal möchtest du zwar gerne irgendetwas ändern, aber weißt nicht mal, was du eigentlich wirklich willst.

Ich habe am Anfang des Buchs schon erzählt, dass ich selbst ebenfalls viel zu lange in so einer unausgesprochenen, sich ziehenden Nichtbeziehung geblieben bin, und denke mir im Nachhinein oft: Hätte ich wirklich gefühlt, was ich fühle, hätte ich ziemlich früh gewusst, dass mit ihm nichts wirklich vorangeht. Hätte ich mich einfach getraut, klar zu sagen, was ich von ihm will oder wie ich mir das Ganze vorstelle und wie eben nicht, hätte ich mir viel Hin und Her und viele schmerzliche Gefühle erspart. Aber stattdessen hat die Angst vor Ablehnung und vor dem Alleinsein immer wieder gesiegt. Mir war es lieber, ihn irgendwie wenigstens in meiner Hoffnung zu haben, als zu sagen: »Ich will das entweder so oder gar nicht.«

Im Zweifel wäre die ganze Geschichte ziemlich schnell zu Ende gewesen. Und das hätte eine ganz gesunde Trennung bedeutet, zu der ich dir nur raten kann. So kommst du viel schneller in etwas Echtes, wenn du den Mut hast, von den unechten Geschichten mit einem klaren Schnitt loszulassen. Denk dran: Wenn er sich nicht einlassen kann, heißt das ja nicht, dass du nicht liebenswert bist. Nicht mal, dass er dich nicht wollte, sondern dass er Angst hatte. Genauso, wie ich Angst hatte, wirklich herauszufinden, ob wir auch die Art von Beziehung haben könnten, die ich mir eigentlich gewünscht hätte.

Wenn du merkst, dass sich nichts bewegt und dass das alles nichts mit dem zu tun hat, was du dir von einer Beziehung wünschst, gesteh es dir so schnell und so ehrlich wie möglich ein und werde klar mit dir und mit ihm. Vielleicht kommen von ihm auf einmal lauter kleine Gefühlsausbrüche, wenn er merkt, dass du dich emotional von ihm wegbewegst. Und dann tu dir den Gefallen, jetzt nicht zu denken: »Oh mein Gott, jetzt wird alles gut. Er ist eben doch dieser Traumtyp. Er ist auf einmal so süß!« Du weißt, wie schnell er wieder weg ist, wenn du wieder auf ihn zugehst.

Um aus so einer Nichtbeziehung herauszukommen, braucht es von dir eine Art Entzug. Es ist, als wärst du auf Droge und willst clean werden. Du willst doch endlich die Frau sein, die nicht hofft und klammert, sondern die, die für sich einsteht, die sich endlich im Klaren darüber ist, was sie eigentlich will. Und die jetzt auch aufsteht und dafür eintritt. Die im Zweifel auch bereit ist, jemanden loszulassen, der ihr gar nicht richtig guttut. Und diese Frau muss lernen, alleine sein zu können.

Wenn du endlich clean bist und richtig viel mit dir selbst anfangen und für dich einstehen kannst, dann denkst du dir bei so einer Nichtbeziehung relativ schnell: »Wieso tue ich mir das an, wenn ich es eigentlich schön mit mir habe? Warum soll ich mir eigentlich diesen ganzen Stress geben? Weshalb sollte ich dieses ewige Weglaufen und Hinterherrennen einen Tag länger mitmachen?«

Kennst du das Märchen von Aschenputtel, die immer nur von Brotkrumen bei ihrer bösen Stiefmutter und ihren missgünstigen Stiefschwestern lebt? Wenn du in solchen Beziehungen bleibst, in denen du wie ein emotionales Aschenputtel mit ein paar Gefühlsbrotkrumen auskommst und dabei hoffst und leidest, dann hast du das Märchen nicht wirklich verstanden. Aschenputtel lebt da draußen zwar einige Zeit von Brotkrumen, aber in ihrer inneren Welt ist sie voller Liebe.

Sie lässt sich von den Stiefschwestern und der Stiefmutter nicht unterkriegen und sie klammert sich auch nicht an sie oder hofft auf deren Liebe. Sie macht ihr Glück nicht abhängig von den dreien, die selbst keine Liebe in sich tragen. Sie geht immer wieder zurück in ihre eigene kleine Welt, lebt zärtlich und liebevoll mit den Tieren und der Natur und ihrem tiefen Gefühl, dass es eine Herzensbeziehung für sie schon geben wird.

TRENNUNG

Stell dir vor, du würdest von diesem Mann loslassen, der dir keine Liebe, sondern nur emotionale Brotkrumen geben kann. Du würdest aushalten, mit dir in deiner kleinen Welt zu sein, auch wenn du dich erst mal alleine fühlen würdest. Und du würdest nun mit der gleichen Intensität und Leidenschaft mit der Meditationspraxis beginnen, mit der du die ganze Zeit an ihm festgehalten hast. Du würdest jeden Tag anfangen, in aller Stille in dir selbst liebevolle Gefühle zu entwickeln, langsam mehr und mehr in eine Wertschätzung für dich selbst kommen, immer mehr in dir selbst so selbstverständlich leben, als ob es die Beziehung deiner Träume für dich gibt.

Du würdest anfangen, deinen Alltag mit viel mehr Liebe und Dankbarkeit zu leben und immer wieder mithilfe von Meditation mit aller Leidenschaft das Leben deiner Träume so zu gestalten, dass du es fühlen kannst, als ob es schon Realität wäre. Du würdest lernen, deinen Glauben auch dann aufrechterhalten zu können, wenn deine alte Angst wiederkommt oder du wieder klammern und festhalten willst. Aber diesmal lässt du dich nicht mehr mitreißen und herunterziehen. Du bleibst wie Aschenputtel bei deiner inneren Welt und deiner Liebe und lernst, wirklich zu fühlen, wie es sich für dich gut anfühlt.

Das klingt vielleicht im Moment für dich noch ziemlich seltsam. Aber genau so funktionieren dein Gehirn, dein Unterbewusstsein und deine Erfahrungswelt, sie alle folgen deinem Glauben und deinen Gefühlen. Und das ist das Einzige, was du auf dieser Welt wirklich selbst bestimmen kannst: was du über etwas denkst und was du damit in einer Situation fühlst. Deine Gedanken und Gefühle haben Schöpferkraft. Was du in dir fühlst, das ziehst du an. Und dein Gehirn kann nicht unterscheiden, ob du einen Film im Kino siehst, der dich zum Weinen oder Lachen bringt, ob du wirklich intensiv in deiner Vorstellung das Glück und die Verbundenheit einer richtig tollen Beziehung erlebst, so wie in einem intensiven Traum, oder ob du sie tatsächlich wirklich real erlebst.

Du würdest wahrscheinlich unfassbare Welten in dir aufbauen können und damit auch in deinem Leben, wenn du den Mann mit den emotionalen Brotkrumen total vergisst. Und stattdessen lernst, all das, was du dir von ihm erhoffst, in Stille mit dir selbst aufzubauen. Wenn du das regelmäßig tust, dann befreist du dich von deiner Abhängigkeit, setzt langsam neue Kräfte in dir in Gang, die wiederum neue Erfahrungen anziehen. Egal, wie blöd die Dinge im Moment noch da draußen in deinem Leben laufen – wenn du innerlich bei der Liebe bleibst, muss die Liebe äußerlich zu dir kommen.

Genau so hat es Aschenputtel im Märchen nämlich am Ende gemacht, wenn du das Märchen mal genauer anschaust. Märchen haben eine starke psychologische Symbolkraft. Und Aschenputtel ist das Märchen überhaupt, wenn es um das Geheimnis dieses Wegs geht, den wir dir hier beschreiben. Alles dreht sich um die Kraft der Manifestation in unserem Inneren.

Aschenputtel wird von ihren Stiefschwestern und ihrer Stiefmutter richtig schlecht behandelt und kleingemacht. Die drei stehen für unbewusste Anteile ihrer selbst, so wie alles im Märchen in einer symbolischen Kraft zu verstehen ist. Die drei glauben nicht mehr an die Liebe und wissen nicht, wie man liebt. Sie sind arm, brauchen dringend Geld und wollen einfach nur eine gute Partie machen, einen reichen Prinzen abkriegen – so wie manche Mädels einen coolen, angesagten Typen haben wollen.

TRENNUNG

Die drei tun so, als ob sie reich sind, und zeigen ihre Armut, also ihre Angst, ihre alten Verletzungen, ihre Eifersucht und all ihre Unsicherheit nicht nach außen. Sie haben sich einfach einen Schlachtplan überlegt, wie man sich aufhübscht, auf cool macht und so tut, als ob man in die Schuhe einer echten Prinzessin – nämlich einer Frau, die wirklich voller Liebe ist – passt. Und sie hoffen, dass sie damit einen Prinzen abkriegen.

Äußerlich haben sie die viel besseren Voraussetzungen als Aschenputtel, die sie ja einfach weggesperrt haben, sodass kein Prinz sie finden kann. Aschenputtel steht im Märchen für unser Herz, das einfach unschuldig und bedingungslos lieben kann und das wir alle lieber wegschließen, weil es uns so verletzlich macht.

Aschenputtel (dein Herz) trägt echte Liebe in sich und du weißt mittlerweile, was aus echter Liebe in deinem Leben entstehen kann. Aber irgendwann hast du früher Erfahrungen gemacht, die dir gesagt haben, dass es wehtun kann, mit offenem Herzen zu lieben. Du hast gelernt, dass du die Liebe und Menschen, die du liebst, verlieren kannst und dass sich das so anfühlt, als ob es dir das Herz zerreißt. So hat Aschenputtel im Märchen ihre Mutter verloren und ihr Vater hat dann die Stiefmutter geheiratet, die eifersüchtig auf seine Liebe zu ihr war.

Jetzt sitzt sie da, einsam und verlassen, wird weggeschubst und hört die ganze Zeit nur: »Du bist nichts wert, du bist klein und hässlich, du kommst in die Kammer und du kriegst nur immer ein paar Krümel und wirst nie mehr Liebe finden.« Was macht Aschenputtel (dein Herz) in dieser Zeit? Dein Herz hört nie damit auf zu lieben. Aschenputtel zerrt nicht an denen, die nicht lieben können, herum und sagt: »Aber ihr müsst mich sehen, ihr müsst mich lieben!« Sie fängt auch nicht an, sich den ganzen Tag zu schminken, sich aufzuhübschen und in Konkurrenz mit den drei anderen zu gehen.

Aschenputtel liebt in der Zeit. Sie liebt die Tiere, sie liebt die Pflanzen und sie ist gut zu sich selbst. Sie singt und freut sich an der Welt um sie herum. Und während sie das tut, fängt sie an zu träumen und fühlt die Liebe. Und weil sie das wieder und wieder tut, fängt dann plötzlich der ganz normale Kürbis an, sich in eine prächtige Kutsche und die kleine graue Maus sich in einen vornehmen Kutscher zu verwandeln. Und in der geheimnisvollen Zeit nachts landet sie in diesem festlichen Schloss und trifft diesen wunderbaren Prinzen. Den Mann, dessen Herz offen ist und der sie in ihrer Liebe und Schönheit erkennt.

Das ist die Metapher dafür, was mit der Welt um uns herum geschieht, wenn wir »die geheimnisvolle Zeit« nutzen. Das ist die Zeit, in der wir in der Stille der Meditation Zugang zu unserem Unterbewusstsein finden, wenn wir in dieser Zeit lernen, wieder zu lieben und konsequent bei unserer Liebe und unseren Träumen zu bleiben – egal, was die äußeren Umstände oder unsere alten Erfahrungen und Ängste uns anderes sagen. Aschenputtel liebt einfach. Sie fragt sich nicht: »Wer ist der coolste Typ, auf den ich mich stürzen kann?« Sie liebt Mäuse, Kürbisse, Tauben und ein paar Linsen – die alltäglichen Dinge um sie herum. Und dadurch verwandelt sie ihre einfache, alltägliche Welt und zieht auf wundersame Weise immer mehr Liebe an.

Und am Ende wirkt das Gesetz der Resonanz: Auch als Aschenputtel bei Tagesanbruch aus der geheimnisvollen Zeit wieder verschwindet und der ganze Zauber vorbei ist, findet der Prinz sie doch. Er erkennt, wer die Frau ist, der der Schuh wirklich passt. Wer die Frau ist, die wirklich liebt. Der Tagesanbruch steht dafür, dass langsam alles aus unserer schöpferischen Zeit der Meditation in unserer unbewussten, unsichtbaren inneren Welt in die äußere Welt unserer Alltagsrealität übergeht. Dass wir nach einer Phase der intensiven inneren Arbeit langsam erleben, dass wir nicht mehr hoffen und kämpfen müssen, sondern dass die Liebe jetzt auch im richtigen Leben auf uns wartet und sogar beginnt, uns zu suchen.

Jetzt kommt der Prinz zu Aschenputtel und lässt sich von keiner Stiefschwester abwimmeln. Er durchschaut alle Deals der beiden. Er erkennt, dass ihnen der Schuh nicht passt. Er sucht die, der der Schuh passt, und will echte Liebe. Er gibt nicht auf, läuft nicht weg und lässt sich auch auf keine Spielchen ein. Er lebt wie ein Prinz – und ein Prinz traut sich, seinem Herzen zu folgen.

Die Männer, die ich beschrieben habe, tun das alles nicht. Ganz viele von ihnen zeigen ihre wahren Gefühle und ihre eigene Unsicherheit meist erst dann, wenn sie riesengroße Verlustangst oder wenn sie getrunken haben. Vielleicht kennst du das, dass er dann plötzlich sagt, wie toll er dich findet. Oder dass er ganz verletzlich wird und mit Kulleraugen sagt: »Wieso willst du mich? Du kannst doch jemand Besseren haben!«

Und schon wirst du schwach und denkst: »Oh, ich rette dich. Ich zeige dir, wie schön alles wird, wenn wir endlich zusammen sind. Und dann wirst du mich schon wirklich wollen.«

Aber das Retten von anderen Leuten ist nicht deine und nicht meine Aufgabe! Das war für mich ein Hardcore-Learning, dass jeder selbst den Mut finden muss, wieder zu lieben und sein Herz zu öffnen. Meine Mutter hat mir oft Märchen auf diese Art erzählt und mir ihre tiefere Symbolik gezeigt. Irgendwann wurde mir klar, dass all die Prinzessinnen immer dann so richtig etwas bewegt oder oft sogar wahre Wunder erlebt haben, wenn sie ziemlich mutig an die Liebe geglaubt und irgendwelche Frösche geküsst und Monster umarmt haben. Und diese haben sich dann in echte Prinzen verwandelt. Aber das hieß nicht, dass sie den Prinzen vor lauter Liebe alles durchgehen ließen.

Alle Prinzen mussten immer schön selbst einen Drachen bezwingen oder einen Fluch auflösen, wenn sie ins Schloss und König werden wollten. Keine der Prinzessinnen hat einem unsicheren Prinzen das Schwert gehalten, ihm erklärt, wie er heil durch die Dornenhecke kommt, oder ihm immer wieder eine Gebrauchsanleitung zum Drachentöten vorgelesen, wenn er es selbst nicht auf die Reihe gekriegt hat. Eine echte Prinzessin weiß, dass sie mit einem herumeiernden Prinzen, der nicht weiß, was er will, nie eine echte Königin wird. Lieber wartet sie auf den nächsten, kümmert sich in der Zwischenzeit um sich und ihr Herz und hält auch mal aus, dass sie alleine im Schloss sein muss.

Also, wie wär's: Willst du eine echte Prinzessin werden? Dann nimm all deinen Mut zusammen und lass von solchen Prinzen los, die gerne mal über Drachen reden, sie aber nicht bekämpfen. Wenn du gerne eine glückliche Beziehung willst, dann bleib klar und lern, auch im Alltag immer wieder bei der Liebe zu sein, dir dein Leben schön zu machen und dich gut um dein eigenes Herz zu kümmern. Und dann kommen auch Männer, die ebenfalls ihr Herz zeigen können.

UND JETZT?

- Schau dir ganz ehrlich an, an welchen Mann du dein Herz gerade gehängt hast. Gibt es keine konkreten Aussagen von ihm? Nicht einmal ein richtiges Treffen? Wenn du weiter wartest, dass er sich doch ändern wird, verschwendest du wertvolle Zeit, in der du dich um dich selbst kümmern kannst.
- Zieh dich zurück und wende dich dir selbst zu. Wenn etwas von ihm kommt, versuch es mit Abstand zu betrachten.
- Mach dir Notizen dazu, was du liebst und was dich glücklich macht. Häng dir diese Zettel gut sichtbar auf und schau, dass du immer wieder etwas davon machst.
- Mach die »Was will ich wirklich«-Meditation im Onlinekurs, und das so lange, bis du merkst: Da löst sich etwas in mir und ich kann immer leichter von dem, was mir nicht guttut, loslassen.

WENN DU IHN EINFACH NICHT LOSLASSEN KANNST

Kennst du das? Er hat sich irgendwann, vielleicht sogar für dich überraschend, von dir getrennt. Aber du kommst einfach nicht darüber weg und kannst die Trennung auch nach einer ganzen Zeit nicht akzeptieren. Ganz im Gegenteil: Du lebst in der Vergangenheit, redest ständig mit deinen langsam genervten Freundinnen über damals und stalkst ihn immer noch.

Jede kennt doch dieses große schwarze Loch, aus dem man scheinbar nie wieder herauskommt: Dein Freund hat sich von dir getrennt und du sitzt einfach nur hilflos da und kannst nichts mehr machen. Du verstehst nicht, warum er sich getrennt hat. Du denkst: Scheißkerl! Und gleichzeitig hättest du noch tausend Argumente, wie es doch noch mal gehen könnte und warum es ja auch schön war. Du findest einfach keinen Weg, wie du damit abschließen kannst, dass es wirklich vorbei ist.

Deine Freundinnen wollen empathisch mit dir sein, aber du merkst, dass sie auch langsam nicht mehr wissen, was sie sagen sollen und wie sie dir helfen können. Eigentlich sind alle einer Meinung: Lass endlich von ihm los. Und du weißt insgeheim selbst, dass das das einzig Richtige wäre. Er ist definitiv weg und nur, weil er jetzt einmal wieder irgendetwas gepostet hat, was dich an eure Beziehung erinnert, oder dein Bild geliked hat, heißt es nicht, dass er seine Entscheidung ändern wird.

Du kannst nichts machen. Alles Überlegen und Reden ändert nichts. Den Schmerz endlich zu verarbeiten und dann bewusst loszulassen, darum geht's jetzt. Das ist das Einzige, was wirklich helfen würde. Und nicht zweihundert Szenarien durchzugehen oder in jeden seiner Insta-Posts tausend Sachen hineinzuinterpretieren. Er ist weg. Punkt. Ende. Weißt du, was mir den Absprung ermöglicht hat? Als ich kapiert habe, dass es in meinem Gedankenkarussell eine Person nie gab – und das war ich. In meinem endlosen Jammern und Grübeln gab es nur ihn. Und ohne ihn gab es nichts. Das ist verrückt!!!! Das ist, als ob ich ein kleines Baby bin, das ohne seine Mama stirbt. Aber natürlich gab es mich!

Selbstverständlich braucht jeder Mensch eine Zeit der Trauer und Freundinnen, die einen trösten. Das ist heilsam und wichtig. Aber wenn du wie verrückt an einer vergangenen Beziehung festhältst und dich einfach nur zerfrisst und zerstörst, dann willst du nicht die Verantwortung für dich selbst übernehmen, dich einfach nicht um dich kümmern. Du erwartest alles von einem anderen. Aber ganz ehrlich, die Last will keiner übernehmen. Das schlägt jeden irgendwann in die Flucht. Das ist Leben im Traumland und Verweigerung der Realität.

Vielleicht fragst du dich: Warum nur kann ich nicht loslassen? Du als erwachsene Frau könntest loslassen. Aber da ist das kleine Mädchen in dir am Werk, das das Gefühl hat, dass es vollkommen verloren und hilflos ist, wenn der Mensch, den es liebt, weg ist. Irgendwann, vielleicht sehr, sehr früh, so dass du dich gar nicht mehr erinnern kannst, gab es schon mal eine Verlusterfahrung, die so überwältigend war, dass du sie nicht verarbeiten konntest. Und da gibt es in deinem Eisberg einen

Teil, der jetzt in der Trennung getriggert wurde und jetzt wie im Schock ist. Das alte Gefühl kommt hoch, dass du ausgeliefert bist und alleine nicht leben kannst. Damals hat das wahrscheinlich gestimmt. Aber jetzt bist du eine erwachsene Frau, die dem kleinen Mädchen zur Seite stehen kann.

Geh zurück in der Zeit und frag dich bitte: Hast du das bereits erlebt, dass ein Mensch, den du geliebt hast, auf einmal für dich nicht mehr erreichbar war? Gab es eine Trennung in deiner Familie? Gab es einen Elternteil, der einen großen Verlust erlebt hat? Auch wenn du keine Erinnerung hast: Hätte es einen Verlust in dir geben können, der so groß war, dass du nicht in der Lage warst, ihn zu verarbeiten und mit ihm umzugehen? Genauso, wie du heute immer noch glaubst, dass du diesen Verlust nicht verarbeiten kannst?

Aber wenn du heute als erwachsene Frau hinschaust, kannst du sehen, dass du in der Vergangenheit deiner Beziehung stecken geblieben bist. Sie ist vorbei, aber du lebst sie immer noch. Das machen wir oft als Kinder, wenn der Schmerz einer Trennung zu groß ist. Wenn jemand gestorben oder gegangen ist und das uns als Kind das Herz gebrochen hat, dann tun wir in unserer Fantasie einfach so, als ob er immer noch da ist und unsere Liebe einfach weiterlebt.

Das machen wir als Kinder öfter, als du vielleicht denkst. Besonders dann, wenn etwas für uns so traumatisch war, dass wir es nicht verarbeiten konnten. Zum Beispiel hat dein Vater deine Mutter verlassen und sich neu verliebt. Als Kinder bauen wir in uns in dem Fall oft ideale Scheinwelten auf und tun so, als ob der Papa gar nicht weg ist. Er lebt einfach in uns weiter. Manchmal ist das der einzige Weg, wie wir den Schmerz überleben, weil wir als Kind diese Bindung brauchen.

Aber heute als erwachsener Mensch ist diese Art, mit Verlust und Trennung umzugehen, total selbstzerstörerisch. Heute geht es darum, dass du bereit dafür bist zu lernen, mit diesem Schmerz und der Endgültigkeit deinen Frieden zu machen. Dass du bereit dafür bist, die Wunde zu schließen und dein gebrochenes Herz mit Geduld und viel Zuwendung zu heilen. Bist du bereit, jetzt erwachsen zu werden?

Von einem Freund von mir hatte sich dessen Freundin getrennt. Es kam ziemlich überraschend und war ein riesiger Schock für ihn. Normalerweise ist er der Typ, der bei so etwas einfach abtaucht und sich ablenkt. Aber das ging diesmal nicht, denn er saß in dieser Zeit zu Hause bei seinen Eltern fest. Am Anfang fand er das ganz schrecklich und meinte: »Das ist der Horror! Normalerweise würde ich jetzt einfach mit meinen Jungs feiern. Aber jetzt bin ich bei meinen Eltern, kann nichts machen und muss die ganze Zeit über alles nachdenken. Ich bin ständig so unfassbar traurig, dass es kaum auszuhalten ist.«

Zwei Wochen später haben wir uns wieder getroffen und er hat total ehrlich darüber erzählt, wie es ihm ergangen war. Er meinte: »Ich habe echt geweint. Mir ging es so richtig beschissen und irgendwie kannte ich das so gar nicht. Aber ich habe echt das Gefühl, dass ich total gut darüber hinweg bin. Ich habe mir alles so richtig gegeben und das erste Mal nicht alles einfach nur weggepackt. Und jetzt habe ich das Gefühl, dass ich damit abgeschlossen habe.«

Ich kann dir aus eigener Erfahrung nur sagen, dass er das einzig Wahre getan hat, wenn auch nicht freiwillig: Er ist wirklich durch den Schmerz gegangen. Es gibt bei einer Trennung keine andere Wahl, als voll hindurchzugehen, statt zu hoffen, zu rätseln, zu stalken und uns auf die Vergangenheit zu fixieren. Sondern einfach nur zu fühlen, was da ist.

Und die Fortgeschrittenenübung heißt dann: Kenne ich dieses schreckliche Gefühl schon? Gehört es wirklich zu mir und zu der aktuellen Geschichte oder ist es vielleicht alt? Wenn du das Ganze auf diese Weise wirklich aktiv verarbeitest, spürst du irgendwann, wie es langsam leichter wird. So einen alten Schmerz endlich zu durchleben, hat so einen großen Befreiungseffekt, den du dir vorher noch gar nicht vorstellen konntest.

UND JETZT?

- Wenn sich dein Freund von dir getrennt hat, heißt es jetzt: Leiden wie ein Profi. Lenk dich nicht ab, kontrollier deine Gefühle nicht. Hab den Mut, dir alles anzugucken, aber ohne dich davon auffressen zu lassen. Übe dich im Fühlen und dann versuch trotzdem, immer mehr loszulassen und dich auf etwas Neues zu fokussieren.
- Hab in dieser Phase viel Verständnis und Mitgefühl mit dir selbst. Ein Herzbruch schmerzt sehr. Tu dir in der Zeit des Trauerns viel Gutes.
- Geh einen Schritt weiter und frag dich: Wo gab es in deiner Vergangenheit schon ähnliche Situationen? Sind es vorherige Beziehungen, in denen es vielleicht ähnlich abgelaufen ist, oder waren wichtige Bezugspersonen auf einmal weg? Schau dir die Situationen an und meditier mit ihnen.
- Mach die »Inneres Kind«-Meditation vom Onlinekurs.

DU HÄLTST FEST UND DEIN HERZ SAGT: DU MUSST GEHEN!

Kennst du das? Du hast zwar Sicherheit in deiner Beziehung, weil immer jemand da ist. Aber wenn du ehrlich bist, fühlst du dich mittlerweile nur noch gefangen und merkst, dass du schon länger nicht mehr glücklich bist. Vielleicht hast du sogar die Hoffnung auf den Richtigen schon aufgegeben und lässt dich einfach nur noch lieben. Nur du selbst liebst den anderen nicht mehr. Du fühlst, dass du gehen musst, aber du traust dich nicht, weil du solche Angst hast, den anderen zu verletzen.

Als einer meiner Freundinnen klar wurde, dass es schon länger in ihrer Beziehung nicht mehr so läuft, wie sie es sich wünscht, merkte sie: »Wenn ich ehrlich bin, muss ich mich trennen.« Da bekam sie ein unfassbar schlechtes Gewissen. Es ging monatelang so: Sie war frustriert und wollte gehen, aber das schlechte Gewissen hielt sie fest. Sie hat richtig darunter gelitten, bis es sie fast aufgefressen hat.

Das kenne ich auch von mir und vielen anderen Freundinnen – wir trauen uns nicht, schieben es vor uns her und finden immer wieder Gründe, warum es mit dem Schlussmachen doch noch nicht geht oder wir dem Ganzen noch mal eine Chance geben müssen. Aber ich kenne auch von mir und meinen Freundinnen, dass es eine riesige Erleichterung war, wenn wir dann den Schritt endlich gegangen sind und die Trennung ausgesprochen haben.

Das soll jetzt nicht gefühlskalt klingen, aber manchmal ist es einfach an der Zeit zu gehen. Vor allem wenn du schon lange probiert hast, die Beziehung zu verändern oder mehr Nähe hineinzubringen. Irgendwann musst du dich wirklich für dich entscheiden und dich nicht einfach von jemandem lieben lassen, sondern raus aus der Komfortzone und daran glauben, dass es da draußen auch den Richtigen für dich gibt. Aber dafür musst du natürlich erst mal die Richtige für dich sein. Eine Frau, die für sich sorgt, sich herausfordert, und nicht eine, die an einer leeren Beziehung festhält, nur um jemanden zu haben.

Du entscheidest dich dann gegen die Gewohnheit und dagegen, dass immer jemand sicher für dich da ist. Und ja: Erst mal tust du dem anderen damit weh, aber nicht, weil du etwas gegen ihn, sondern für dich tust. Du bist nicht einfach die Böse, die jemandem das Herz rausreißt, sondern im Zweifel wird dadurch endlich auch er eine Entwicklung machen, die bei ihm schon längst ansteht.

Es ist sogar so: Das Verlassenwerden kann für den anderen auch das größte und tollste Geschenk sein, das er bekommen kann. Es zwingt ihn, eine Entwicklung mit sich zu machen, die er eigentlich braucht, sich aber nicht wirklich getraut hat. Sei dir sicher, auch wenn sich dein Freund das nicht eingesteht: Er kann ebenfalls innerlich nicht glücklich mit der Beziehung sein, wenn du es nicht bist. Er schiebt einfach nur alles von sich weg. Wenn du sagst: »Hier geht es für mich mit dir nicht mehr weiter«, dann entsteht genau das Loch in seinem Leben, das viele Menschen brauchen, um endlich durch etwas durchzugehen. Manchmal muss es einfach wehtun, damit wir uns in

TRENNUNG

Bewegung setzen, endlich mal irgendetwas anders machen und ein paar Sachen in uns aufräumen.

Was ich auch wichtig finde, was aber oft vergessen wird: Leute denken immer, dass nur der darunter leidet, der verlassen wurde. Aber auch wenn du dich erst mal vielleicht erleichtert fühlst – für dieses Gefühl, dass du jemanden so verletzt und ihm womöglich das Herz gebrochen hast, braucht es ebenfalls einen Heilungsprozess und viel Liebe und Annahme für dich selbst.

Als ich mich damals von meinem Freund getrennt hatte, war mir zunächst gar nicht so richtig klar, wie schlecht ich mich tatsächlich gefühlt habe und was für ein schlechtes Gewissen ich hatte. Aber ich weiß noch, wie ich mich vor der Trennung fünf Tage lang übergeben musste, nachdem ich mich dazu entschieden hatte, den Schritt endlich zu tun. Aber ich weiß heute auch, wie schnell ich meine Berge von Schuldgefühlen und schlechtem Gewissen verbuddelt habe, weil ich den Schmerz kaum aushalten konnte.

Ich habe ihn ja geliebt. Ich hatte mich von jemandem getrennt, der mir näher stand als die meisten anderen Menschen. Trotzdem ist es die richtige Entscheidung, wenn es sich für dich danach anfühlt. Dann musst du dir selbst nach so einer Trennung Zeit geben, um dir selbst zu vergeben. Für deinen eigenen Anteil an dem Ganzen. Sei dir darüber bewusst, dass es auch eine Zeit braucht, in der du auch selbst heilst.

UND JETZT?

- Wenn es für dich so weit ist und du merkst, dass du dich trennen musst, dann wisse: Das darfst du! Du bist nicht schuld oder für jemanden anderen verantwortlich, sondern nur dir und deinem eigenen Herzen gegenüber.
- Nimm dir genug Zeit, die Trennung zu verarbeiten. Übe dich in Vergebung! Auch dir selbst gegenüber.
- Mache die »Inneres Kind«-Meditation im Onlinekurs.

UNSER SCHLUSSWORT

Hoffentlich ahnst du langsam, dass auch für dich ganz andere Möglichkeiten vorhanden sind, als wartend vor deinem Smartphone zu sitzen und zu hoffen, dass sich endlich jemand meldet. Du kannst etwas anderes tun, als dich so verloren zu fühlen, als dich selbst fertigzumachen, weil andere ihr Herz nicht öffnen und lieben können, als resigniert in einer Beziehung zu bleiben, in der du eigentlich schon lange nicht mehr sein willst, als immer wieder alles Mögliche mitzumachen, obwohl es dir eigentlich nicht guttut.

Ich weiß aus eigener Erfahrung: Du hast so viel mehr Einfluss auf all das, was in deinem Leben passiert, als du dir überhaupt nur vorstellen kannst. Und wenn du bis hierher verstanden hast, dass du für die wirklichen Veränderungen nur in dir und nicht da draußen sorgen kannst, dann ist jetzt die Zeit gekommen, dass du erfährst, wie du mit unserem wichtigsten Tool überhaupt – einer coolen Form von Meditation – für innere Veränderung sorgen kannst.

Meditation ist nicht irgendeine spirituelle Übung im Schneidersitz auf einem unbequemen Bänkchen. Meditation ist der Switch vom Bildschirm auf deine innere Festplatte. Wenn du wirkliche Veränderung willst, musst du für einen Moment komplett von da draußen, dem Bildschirm, loslassen. Weil ja alles, was du jetzt gerade in deinem Leben erlebst, ein Ergebnis dessen ist, was du bisher über die Dinge geglaubt und gefühlt hast. Wenn du jetzt etwas Neues willst, musst du erst mal für einen Moment aus dem gewohnten Geratter in deinem

Kopf und der ganzen Hektik im Alltag aussteigen und dafür sorgen, dass die alten Programme in dir nicht einfach in dir weiterlaufen können.

Das funktioniert über Meditation. Sie ist im Zweifel nicht das, wofür die meisten Menschen sie halten. Meditation beruhigt dich nicht einfach nur oder macht dich besonders spirituell. Meditation ist in der Lage, dich wirklich zur Ruhe zu bringen und für Heilung in deinem Inneren zu sorgen. Du brauchst dafür nichts, was du nicht ohnehin schon hättest. Du musst aktiv nichts ändern, du musst kein Geld oder eine besondere Bildung haben, nirgendwo hinreisen und du brauchst niemanden anderen, der dir hilft.

Du musst nur eine Sache tun: dich gemütlich hinsetzen, die Augen zumachen, für einige Minuten still werden und unseren Stimmen in den geführten Meditationen lauschen. Weißt du, was dann passiert? Du wirst auf eine ganz neue Art langsam innerlich und echt einen Menschen kennenlernen. Und zwar den wichtigsten in deinem Leben – nämlich dich!

Aber ich kann dir jetzt schon aus eigener Erfahrung sagen: Das wird dir zunächst nicht unbedingt gefallen. Es kann gut sein, dass es unruhig wird, wenn du lernst, auch mal still zu werden. Vielleicht wirst du erst mal wie auf einem Ameisenhaufen sitzen. Es wird jucken, ziehen, in deinem Kopf werden alle möglichen Gedanken kreisen oder du wirst dir sagen: »Was soll der Mist hier mit dem Herumgesitze, ohne dass etwas passiert.«

Ich sage dir etwas, nachdem ich schon Hunderte Male still herumgesessen habe: Der »Mist« ist das, was sowieso die ganze Zeit in dir abgeht. Nur wenn du jetzt still wirst, merkst

UNSER SCHLUSSWORT

du es zum ersten Mal. Und der andere »Mist« ist: Solange du es nicht bewusst mitkriegst, müssen es die anderen um dich herum die ganze Zeit aushalten. Die, die dir nahekommen, spüren deine unbewusste innere Unruhe, deine Unsicherheit, deine Spannung und reagieren auf sie. Und so bringt dich der ganze Ameisenhaufen in dir weiter in Situationen, in denen du nicht sein willst. Das, was sich am Anfang so anfühlt, sind deine Gedanken, Gefühle und deine Körperempfindungen, die du in der Meditation zum ersten Mal live miterlebst. Das ist dann kurz unangenehm, aber mit ein bisschen Übung merkst du, dass du in aller Stille mit geschlossenen Augen direkt auf der Festplatte gelandet bist. Genau da, wo du für Updates sorgen kannst – nicht da draußen, sondern in dir drinnen. Und das ist der beste Ort, an dem du überhaupt nur sein kannst.

Wir haben dir alle Mittel zusammengetragen, damit du in deinen Meditationen für neue Gefühle, für mehr Entspannung, für mehr Power, für mehr Verbindung und für mehr Leichtigkeit in deinem Leben sorgen kannst. Wir brauchen nur eine Sache von dir, damit du bei deinem Update Erfolg hast: Du solltest regelmäßig die Augen schließen und auf deiner Festplatte landen.

Ich mache Meditation genauso selbstverständlich, wie ich bei Instagram reingehe. Der Unterschied ist nur, dass ich mich das eine Mal in eine riesige Welt hineinbewege, die meine ist. Ich kann sie gestalten, bestimmen und mein Leben von innen nach außen verändern. Das ist Meditation.

Das andere Mal, wenn du bei Insta reingehst, lässt du dich einfach in die Welt der anderen einsaugen. Mit einem Klick bist du in der Welt der anderen, bei dem, was die anderen gut finden, was sie glauben, was sie kaufen, was sie an dir mögen oder nicht mögen. Für dich und mich ist es vielleicht total normal, andauernd bei den anderen zu sein, aber eigentlich ist es verrückt. Denn so bestimmen andere deine Welt. Und irgendwann ist das normaler für dich, als deine eigene Welt zu gestalten und zu bestimmen.

Ich bin immer noch bei Insta unterwegs, aber fast jeden meiner Tage beginne ich damit, erst in mich selbst reinzuspüren. Und ich kann dir ehrlich sagen: Meine Meditationen haben mich schon aus so vielen Krisen herausgebracht und mich gegen Menschen und Dinge immun gemacht, die mich sonst ausgelaugt hätten.

Meditation ist ein unendlich mächtiges Tool: Die Wissenschaft weiß mittlerweile, dass wir mit Meditation unsere Gehirnstrukturen, unsere Zellen und unsere Herzfrequenz verändern können. Es gibt zig Studien von Universitäten auf der ganzen Welt, die zeigen, wie wir mit regelmäßiger Übung unser Glücksempfinden, unsere Beziehungen, unsere Gesundheit und noch so vieles mehr positiv beeinflussen können. Das, was man als Achtsamkeitspraxis bezeichnet, stärkt sogar unser Immunsystem, löst Muskelverspannungen, vermindert Ängste und lindert Schmerzen. Die Liste kannst du endlos fortsetzen.

Meditation ist wie ein supereffektives, nachhaltiges Training fürs Gehirn, das Herz und den Körper und eine Belohnung für deinen inneren Schweinehund. Wenn du sie regelmäßig machst, wirst du immer besser darin, sie fällt dir immer leichter und du kommst mit der Zeit zu den Ergebnissen, die du dir so sehr wünschst. Dafür haben wir im Onlinekurs geführte Meditationen zu den wichtigen Themen gemacht:

UNSER SCHLUSSWORT

- Selflove
- Selfcare
- Was will ich wirklich
- Meine Wohlfühlbeziehung
- Mein zukünftiges Selbst
- Mein inneres Kind

Du kannst mit ihnen allen regelmäßig das Neue trainieren, bei Blockaden im System für Updates sorgen oder sie im Notfall nutzen, wenn du gerade nicht mehr weiterweißt oder die Angst kommt. Und jetzt zum Einstieg findest du unter dem Link www.zurhorstundzurhorst.com/meditation-ein-date-mit-dir-selbst die kostenlose Meditation »Ein Date mit dir selbst«. Sie ist eine Basic-Meditation, die du immer und überall machen kannst.

Jetzt weißt du, was Meditation alles kann, und hast erfahren, dass sie unser Leben wirklich grundlegend verändert hat. Du kannst das Gleiche in deinem Leben haben. Dafür musst du zwei Dinge tun: 1) dir regelmäßig zwischen fünf und 30 Minuten am Tag Zeit nehmen und 2) eine neue Vision von deinem Leben in deinem Inneren erschaffen. Du kannst dir vielleicht jetzt noch überhaupt nicht vorstellen, wer und wie du in einem neuen Leben, das dich so richtig glücklich macht, sein wirst. Aber genau diese Vision ist superwichtig, damit du dieses Leben erschaffen kannst.

Du brauchst ein Ziel, ein neues Gefühl für dich und deine Möglichkeiten. Wir wissen, wie schwer das sein kann, gerade wenn man schon viel Mist erlebt und deshalb für manche Dinge seinen Glauben verloren hat und sich plötzlich in einem Leben sehen soll, in dem alles besser oder sogar rundläuft. Deshalb haben wir für dich im Onlinekurs eine Meditation für dein zukünftiges Selbst vorbereitet, in der wir dich mit lauter Fragen Schritt für Schritt wie durch einen inneren Film führen. Und dank dieses Films wirst du die Hauptdarstellerin in deinem neuen Leben. Und das ist nicht nur ein richtig geiles Gefühl. Du wirst es noch erleben: Das wird dein Leben verändern.

MEINE ERFAHRUNG MIT MEDITATION

Dazu erzähle ich dir gerne eine meiner wichtigen Erfahrungen mit der Meditation. Ich war auf einem Seminar, bei dem jemand an unzähligen Beispielen die Wirkung von Meditation selbst bei schweren Krankheiten geschildert hat. Der Mann war Wissenschaftler und konnte erklären, was dieser moderne, schöpferische Meditationsprozess und die emotional unterstützte Visualisierung in unserem Gehirn und Nervensystem sowie in unserer Biochemie und unseren Zellen macht. Ich war vollkommen überwältigt und bin damals mit dem Gedanken nach Hause gegangen: So etwas will ich auch können. Das war meine erste große Testrunde nach vielen kleinen Meditationen.

Ich war gerade mitten in meinen Klausuren und habe mich jeden Tag zuvor voller Begeisterung hingesetzt und mir vorgestellt, wie einfach alles in der Uni läuft. Ich habe mir ausgemalt, wie ich alte Stresserin stressfrei zur Prüfung gehe, dabei jederzeit ein gutes Gefühl habe und immer eine super Note bekomme. Und dann habe ich mich am Morgen vor dieser Prüfung immer wieder hingesetzt und bin durch eine Meditation emotional heruntergefahren. Ich konnte es gar nicht glauben, aber am Ende war mein Notendurchschnitt einfach eine glatte Note besser geworden.

UNSER SCHLUSSWORT

Und ich, Eva, möchte dir zum Schluss unbedingt noch von einem anderen Beispiel erzählen – von einer jungen Frau, die im Coaching wirklich konsequent diesen inneren Veränderungsweg geübt hat. Als sie zu mir kam, war sie gerade verlassen worden und in diesem ultimativen Festhaltemodus. Sie stand unter Schock, weil es so überraschend kam und sie null damit gerechnet hatte. Beide wohnten schon zusammen und hatten bereits Zukunftspläne.

Damals habe ich ihr die Meditation gezeigt. Sie hat mit ihr gezielt an den alten Programmen und Ängsten aus ihrer Vergangenheit, aber ebenso mit dem akuten Schmerz gearbeitet. Sie verstand daraufhin, woher er kam und welche Ängste sie deshalb in sich trug. Sie fing dann an, sich langsam innerlich eine Beziehung vorzustellen, die freier war, die eine ganz andere Qualität hatte, als es bei ihrer vergangenen der Fall war.

Ihr wurde immer klarer, wie wenig die Beziehung, die sie geführt hatte, wirklich ihren inneren Bedürfnissen entsprach. Schließlich fing sie an, sich regelmäßig in ihrer Vorstellung einer neuen Beziehungswelt zu öffnen. Langsam konnte sie mehr und mehr von dem Mann innerlich loslassen und begann in der Zwischenzeit, ihr Leben komplett neu aufzustellen. Sie gab sogar ihren alten Job auf, der ihr schon lange nicht mehr gefiel.

Und dann eines Tages, sie hatte mit gar nichts gerechnet, lernte sie durch einen Zufall beim Einkaufen einen Mann kennen. Die beiden trafen sich – und das »ohne großen Knall«, wie sie sagte, und verbrachten immer mehr Zeit miteinander. Sie lernten sich ganz behutsam kennen und entdeckten, dass sie beide durch eine schmerzliche Erfahrung eine heftige Entwicklung durchgemacht hatten. Irgendwann kam sie strahlend zum Coaching und meinte: »Wir sind zusammen und alles ist so anders als mit meinem letzten Freund. Wissen Sie, ich wollte nichts, ich habe mich nicht angestrengt. Aber es passte einfach zwischen uns. Nicht wie Ken und Barbie, sondern wie zwei, die gewisse Gefühle von sich selbst und aus ihrer Vergangenheit kannten und wussten, dass es wehtun könnte, wenn man nicht aufeinander aufpasst.«

Und jetzt musst du einfach nur noch anfangen. Augen schließen, dich selbst kennen und lieben lernen und gucken, was da draußen in deinem Leben so alles mit der Liebe passiert…

ÜBER DIE AUTORIN

Eva-Maria Zurhorst gehört zusammen mit ihrem Mann Wolfram seit über 20 Jahren zu Deutschlands erfolgreichsten Beziehungscoaches. Die Bücher der Bestsellerautorin wurden weltweit in 17 Sprachen übersetzt und über eine Millionen Mal verkauft. Der Podcast *Liebe kann alles*, den das Ehepaar gemeinsam hostet, hat über eine Millionen Downloads. 2017 hat sie mit *Liebe kann alles* ein Onlinetraining und Selfempowerment-Programm entwickelt, das bereits Tausende von Frauen durchlaufen haben. In ihrem neuesten Ausbildungsprojekt *Ich bin Liebe* lehrt sie einen kraftvollen, weiblichen Selbstentwicklungs- und Transformationsprozess. Regemäßig nutzt sie die Heilkraft der Meditation in Großmeditationen mit mehreren Tausend Frauen.

ÜBER DIE AUTORIN

Annalena Zurhorst meditiert seit mehr als zehn Jahren und hat einen intensiven Selbstentwicklungsweg mit Trainings unter anderem bei Tony Robbins, Chuck Spezzano und Dr. Joe Dispenza durchlaufen. Sie ist in England und der Schweiz zur Schule gegangen und hat ihr internationales Baccalaureat in Berlin, ihren internationalen Bachelor in BWL in München und anschließend ihren Trainee in Deutschlands führender Content-Marketing & PR Agentur abgeschlossen. Heute arbeitet sie als Live-Coach innerhalb ihrer Generation und ist gleichzeitig bei Zurhorst und Zurhorst für Marketing und Social Media zuständig. Durch Meditation hat sie einen bewussten Umgang mit schwierigen Gefühlen erlernt und wie wichtig es ist, zuerst in sich selbst für Wandel und Heilung zu sorgen, wenn man sich Entwicklung und Erfolg wünscht. Und genau aus dem Grund ist es ihr großes Anliegen, ihre Erfahrungen mit anderen ihres Alters zu teilen – um sie zu ermutigen, die Kraft in sich selbst zu finden, die sie oft im Außen suchen, zu ihren Gefühlen zu stehen, ihren eigenen Selbstwert zu entdecken und auch zu leben.

WENN ICH MICH liebe!

DAS ONLINE COACHING-PROGRAMM

für mehr Selbstwert und glückliche Beziehungen

mit

7 Power-Meditationen
Videos & Audios
Worksheet

DER ONLINE-KURS ZUM *Buch*

Von Annalena und Eva-Maria Zurhorst

∞

www.zurhorstundzurhorst.com
www.annalenazurhorst.com

IMPRESSUM

© 2021 GRÄFE UND UNZER VERLAG GmbH, München

Alle Rechte vorbehalten. Nachdruck, auch auszugsweise, sowie Verbreitung durch Bild, Funk, Fernsehen und Internet, durch fotomechanische Wiedergabe, Tonträger und Datenverarbeitungssysteme jeder Art nur mit schriftlicher Genehmigung des Verlages.

Projektleitung:
Anja Schmidt

Redaktionelle Mitarbeit und Lektorat:
Eva Dotterweich

Umschlaggestaltung und Layout:
ki36 Editorial Design, München, Daniela Hofner

Coverfotografie: privat

Herstellung:
Susanne Fuhrmann

Satz:
Uhl + Massopust, Aalen

Repro:
Longo AG, Bozen

Druck & Bindung:
DZS Grafik, Slowenien

ISBN 978-3-8338-7852-7

1. Auflage 2021

Ein Unternehmen der
GANSKE VERLAGSGRUPPE

LIEBE LESERINNEN UND LESER,

wir wollen Ihnen mit diesem Buch Informationen und Anregungen geben, um Ihnen das Leben zu erleichtern oder Sie zu inspirieren, Neues auszuprobieren. Wir achten bei der Erstellung unserer Bücher auf Aktualität und stellen höchste Ansprüche an Inhalt und Gestaltung. Alle Anleitungen und Rezepte werden von unseren Autoren, jeweils Experten auf ihren Gebieten, gewissenhaft erstellt und von unseren Redakteuren/innen mit größter Sorgfalt ausgewählt und geprüft.

Haben wir Ihre Erwartungen erfüllt? Sind Sie mit diesem Buch und seinen Inhalten zufrieden? Wir freuen uns auf Ihre Rückmeldung. Und wir freuen uns, wenn Sie diesen Titel weiterempfehlen, in Ihrem Freundeskreis oder bei Ihrem online-Kauf.

Sollten wir Ihre Erwartungen so gar nicht erfüllt haben, tauschen wir Ihnen Ihr Buch jederzeit gegen ein gleichwertiges zum gleichen oder ähnlichen Thema um.

KONTAKT ZUM LESERSERVICE
GRÄFE UND UNZER VERLAG
Grillparzerstraße 12
81675 München
www.gu.de

www.facebook.com/gu.verlag